朝日新書
Asahi Shinsho 999

# 世界の炎上

## 戦争・独裁・帝国

藤原帰一



朝日新聞出版

# まえがき

本書は、『不安定化する世界』（2020年）に続き、『朝日新聞』に月一回掲載されているコラム「時事小言」をまとめたものである。

『不安定化する世界』が対象としたのは2011年から2020年までの世界だった。日本では東日本大震災後、アメリカではオバマ政権から第1期トランプ政権の時期に当たる。中東・北アフリカにおける権威主義体制の動揺、いわゆる「アラブの春」が、リビア内戦とシリア内戦による膨大な犠牲者と難民を生み出した。この難民・移民問題と結びつきながらヨーロッパで右派政党が勢力を伸ばし、イギリスでは2016年の国民投票によってEU（欧州連合）からの離脱が決まり、さらに同年の米大統領選挙ではトランプが当選した。中東・アフリカにおける破綻国家（脆弱国家）の拡大、ヨーロッパにおける大規模テロ事件、そして民主主義の制度のもとにおいて権威主義的指導者が選出された時代だった。日本では第2期安倍晋三政権が発足したことによって政治的安定と経済成長が実現したという論考が多く、トランプを支持しない人であっても日米関係の安定を歓迎する意見が少なくなかったが、私は賛成できなかった。「リベラルな国際秩序」という観念とはほど遠い不安定が世界に広がっているように私には見えた。

本書が取り上げるのは2020年から2025年の足かけ6年間の世界である。その前が不安定だったとすれば、この6年間は世界が炎上したと評するほかのない混乱の続いた時代である。中心的な事件はロシアのウクライナ侵攻と、イスラエル・パレスチナ戦争である。

2022年2月のロシアによるウクライナ侵攻は明白な侵略戦争であり、戦争の戦い方においても民間人と民間施設への攻撃が繰り返され、ジュネーブ条約違反も明らかだった。だが、ロシアとの直接の戦争を避ける目的からNATO（北大西洋条約機構）によるウクライナ支援は小規模に留められ、それが戦争の長期化を生み出すことになった。

2023年10月のハマスによるイスラエル攻撃は、イスラエルによるガザ地区への全面攻撃、レバノン南部のヒズボラに対する攻撃、そしてヨルダン川西岸における入植拡大をもたらした。ハマスによる攻撃も、また多くの民間人を含む人質の拉致も正当性を認めることはできない。だが、ネタニヤフ政権による極限的な破壊は軍人・民間人の区別を度外視する暴力行使であり、大量虐殺である。そして、アメリカのバイデン政権はイスラエル政府を抑制することができず、結果としては大量虐殺の後押しをしてしまった。

二つもの大規模な戦争が続くだけでも世界の炎上と呼ばなければならないが、ウクライナの戦争とイスラエル・ハマスの戦争に加え、米中関係が著しく緊張した。その原因は何よりも中国の軍備拡大と海洋における威嚇行為に求めなければならないが、第1期トランプ政権からバイデン政権までほぼ一貫してアメリカも中国との競合を深めてゆく。

さらに貿易不均衡を軍事的対立よりも優先的課題とした第1期トランプ政権と異なり、バイデン政権は中国の軍事的脅威への対抗を優先課題とし、東アジアと東南アジアにおいてアメリカと同盟を組む諸国の間の防衛協力、いわゆるミニラテラルを大幅に強化した。その中心とも言うべきはキャンプデービッドで行われた日米韓三国の首脳会談であり、日韓の防衛協力を強化することになった。他方、中国はウクライナの戦争が始まった後は中ロの軍事協力をさらに拡大し、直接ロシアに兵器は提供しないものの、中国との貿易によってウクライナ侵略が支えられる状況が生まれる。かつての米ソ冷戦の時代のように世界が東と西に分断されたのである。

このような著しい国際緊張の中で、2024年、ドナルド・トランプがまた大統領に当選し、第2期トランプ政権が始まる。この政権が国際政治に与える影響は慎重に見極めなければならないが、これまでのようにアメリカが国際秩序の維持にコミットする状況は急速に失われようとしている。

広く伝えられたのが現在デンマーク領土であるグリーンランドとパナマ運河を獲得しカナダをアメリカ51番目の州とするという提案である。さらにカナダとメキシコ両国に25％、中国には10％の関税を加えると発表し、カナダとメキシコへの関税は執行を停止したものの対中関税は撤回されていない。

さらにトランプ大統領は、イスラエルのネタニヤフ首相との会談後の記者会見で、パレスチナ自治区のガザから住民をその外に送り出し、アメリカはガザを所有すると述べた。住民の強制移住、民族浄化政策と評するほかはない。

援助機関USAID（米国際開発局）による援助と職員の執務を停止し、さらに機密機関CIA（米中央情報局）の全職員に対する希望退職勧奨も行われている。環境保護に関わるパリ協定からの離脱やWHO（世界保健機関）脱退が目立って見えないほど極端な政策の連鎖である。

常軌を逸したこれらの政策には、しかし、共通項がある。覇権からの離脱である。

第2次世界大戦後のアメリカはその軍事的・経済的優位を基礎として世界各国に対する圧倒的な覇権を手にするとともに、アメリカを中心とする国際秩序を形成してきた。1945年サンフランシスコ会議で発足した国際連合は、アメリカの覇権の下において、しかしアメリカ単独の権力に頼らず各国との協力の下で支えられる国際秩序の基礎となった。

冷戦の時代には米ソ対立のために国連の役割は限られていたが、共産圏以外の地域においては多国間貿易と同盟体制の制度化が進み、米ソ冷戦が終結した1990年代初めから後にはそれが世界全体に拡大する。アメリカの覇権下におけるルールに基づいたリベラルな世界秩序の形成である。

植民地帝国や勢力圏の競合を特徴とする第2次世界大戦以前の国際政治と異なり、アメリカは覇権国家でありながら単独の権力行使は基本的には自制してきた。アメリカの主導する戦争は繰り返されたが、朝鮮戦争でもベトナム戦争でもアメリカ単独でなくオーストラリアや韓国などとの協力のもとで軍事侵攻が行われ、また第2次大戦後のアメリカは力による領土の拡大を控えてきた。

覇権は保持しつつ帝国支配は拒む国際主義が軍事・経済の両面においてアメリカの力を強めてきたことに疑いはない。だが、アメリカが世界各国よりも国際秩序を支えるコストを負担してきたことも否めない。なぜアメリカが世界各国のために犠牲にならなければいけないのか。トランプ政権を支えるのは、この疑問である。

トランプは、覇権国としてのコストの負担を拒む点で一貫している。自由貿易の拡大ではなく、関税の拡大によって経済を支える。国際援助や環境保護を支える代わりに、国際協力から撤退する。関税引き上げ、国際機構離脱、国際援助停止、そのすべては覇権からの自発的撤退として結びついている。

国際秩序から撤退するアメリカは、力による支配の拡大に向かっている。弱い国でもその主権を認めるのが国際秩序の基本であるが、国際政治を権力闘争だけから見るのであれば、力に勝る国は弱い国を支配し、その富と安全を奪うこともできる。ロシアがウクライナを攻めるのなら、アメリカはカナダ、メキシコ、パナマ、グリーンランドを制することもできるだろう。イスラエルの軍事介入を後押しすれば中東の勢力圏を拡大できる。覇権国の下の国際秩序に代わって、力による支配をむき出しとする帝国としてのアメリカが復活するのである。

トランプ政権が発足すれば米中関係の緊張はさらに著しくなるとの観測が広く見られた。私はそう考えない。トランプ政権にとって重要なのは強い国との対抗ではなく、弱い国から奪うことだからだ。トランプから見れば対中貿易赤字は是正すべき課題だが、中国による台湾への武力侵攻についてアメリカが台湾側に立つメリットはない。

繰り返して言えば、第2次世界大戦後の世界は、アメリカの覇権を中核とする国際秩序であった。アメリカは民主主義と資本主義という制度を基礎として、他国を領有することなく、しかし他国を圧倒する軍事力と経済力によって覇権秩序を支えてきた。デモクラシーの帝国としてのアメリカは植民地支配のような領土拡大に頼らずその権力を支えてきた。いまトランプ政権の下で展開しているのは、強者の支配と弱者の従属、いわば弱いものいじめである。デモクラシーの帝国がプレデターの帝国に変化しようとしている。

本書は、この時代の中で状況を捉えるための試みである。原稿の順番は、昔から今ではなく、新しい原稿から始めて昔に遡る編成とした。現在から過去を見るという構成である。

毎月の新聞に掲載された原稿なので、その時々の情勢にふりまわされている。一つの構図に沿って書くことはもとよりかなわない。本当に自分が状況を捉えているのか、不安を抱えて書いた文章ばかりだ。とはいえ、言い訳ばかり書いても仕方がない。六年間、世界が炎上する過程を前にして考えてきた記録として、ご一読いただければ幸いである。

世界の炎上——戦争・独裁・帝国

目次

## Ⅱ　2023年

## III

## 2022年

## Ⅳ　２０２１年　157

## V　２０２０年　203

# I　2025年―2024年

# 国際的なリスクとなったトランプ政権

ドナルド・トランプ米大統領の外交をどう考えればよいのだろうか。

本来の国際関係では継続的な交渉と合意形成が重視される。さまざまな分野において各国が交渉を繰り返し、合意が生まれたなら条約や制度をつくり、自国も他国もルールを守る。理想論ではない。交渉の反復、合意やルールの形成と遵守《じゅんしゅ》がなければ国際関係から安定が失われ、自国の利益が損なわれるからだ。

だがトランプの特徴は、脅しに基づいた取引、勝者総取りの交渉である。これまでの条約や合意を度外視して、相手に最大限の脅しを加え、譲歩を強要する。ここでの目的は最大の利益を得ることであって、継続的交渉、合意形成とルールの遵守は考えられていない。

第1期政権における北朝鮮との首脳会談のように実際には成果がなくても、かつてない成果などと虚偽の情報をふりまき、虚偽だと指摘されればおまえがフェイクニュースだとやりかえす。失敗しても成功したことにするのである。

トランプ外交の最初の犠牲は国際協力だった。WHO（世界保健機関）や気候変動に関するパリ協定からの離脱、そしてUSAID（米国際開発局）の業務執行停止は世界にも米国にも不利益をもたらすと私は考えるのだが、トランプから見れば国際協力は他国が米国を食い物にするものに過ぎない。

脅される相手は競合・対立関係にある諸国よりも米国と友好関係にあるカナダ、メキシコやデンマークが先になった。友好国に脅しを加えるのは不合理に見えるが、米国との関係が密接であればあるほど圧力を加えた場合に譲歩する可能性が高い。パナマ運河やグリーンランドを領有し、カナダを米国51番目の州にするなどという奇怪な政策も発表された。日米首脳会談において石破茂首相は日米関係の堅持に成功したが、日本に高関税が付加される可能性は残されている。

*

では、ロシアと中国についてはどうか。これまで私は、トランプが大統領になればウクライナ支援を取りやめる可能性が高いと書いてきた。トランプにとってウクライナを支援し続ける意味は乏しい。いま、トランプ政権は侵略の犠牲者であるウクライナを頭越しにして米ロ両国の主導による停戦交渉を進めつつある。ウクライナは米国から見捨てられようとしている。

米ロ主導の停戦はロシア政府にとっては念願の実現だが、ウクライナは、その安全がNA

TO（北大西洋条約機構）によって保証されない限り停戦に応じる可能性は低い。米国以外のNATO諸国にとってロシア優位のウクライナ停戦はロシアによって自国の安全が脅かされる懸念を高めてしまう。既にスターマー英首相はウクライナへの派兵も検討すると英テレグラフ紙に寄稿した。停戦交渉が仮に始まっても戦闘は継続するという、ベトナム戦争末期におけるパリの和平交渉と戦争継続のような状況が生まれようとしている。

*

ウクライナばかりでなく、米国の同盟国であるNATO諸国に対してトランプ政権が安全を保証しない可能性も生まれた。攻撃された場合に安全を保証する、つまり共同して侵略者に対抗することは同盟の基礎であるが、米国が同盟関係にある欧州諸国の安全を保証するとは限らない。

トランプ政権にとって、最大限の脅しを加えることで米国が利益を期待できる相手は、ロシアではなく米国に大きく軍事的に依存する欧州諸国である。米国に従わなければ安全を保証しないと威嚇し、従わないのなら欧州から米軍を撤退してしまえばよい。先に開催されたミュンヘン安全保障会議ではバンス副大統領が激しい欧州批判を展開し、米欧間の亀裂が露呈した。

中国については、ロシアに対するような宥和《ゆうわ》的姿勢は今のところ見られない。予測されたとおり対中関税は引き上げられ、ミュンヘンで行われた日米韓外相会談では台湾海峡における現状維持が合意された。ロシアとの関係修復は中国への圧力を強化することが目的だと見る人もいるだろう。

だがバイデン前大統領と異なり、トランプは中国の軍事的脅威よりもその経済力をより重視している。第1期政権でも習近平《シーチンピン》国家主席はトランプを国賓《こくひん》待遇で迎え、巨額の商談を実現することによって米国の圧力を緩和した。第2期政権においても、中国の対応によってはトランプ政権が対中政策を転換し、米中協調のもとで台湾海峡の現状維持などの政策が放棄される可能性がある。

トランプ政権は信頼できるパートナーではなく、何をするのかわからない国際的なリスクとなった。欧州諸国ばかりでなく日本も、米国を信頼することができないという前提に立った国際関係の構築を強いられている。

（2025年2月19日）

## 米国に頼れない世界

米国のドナルド・トランプ第2期政権は、第1期よりも急進的な政策を短期のうちに進めるだろう。

第1期政権ではトランプを支持する実業家も政府実務経験者も少なく、政権人事は混乱した。議会では民主党が下院の多数を占め、最高裁判所も大統領から独立を保っていた。

今度は違う。まずハイテク・ビジネスが結集した。テスラを率いるイーロン・マスクはトランプと一心同体のように行動している。ジェフ・ベゾス（アマゾン）とマーク・ザッカーバーグ（メタ／フェイスブック）を合わせるなら、アメリカ経済トップの3人がトランプを支持していることになる。

議会は上下両院とも共和党が制し、最高裁判所判事も保守派が過半である。閣僚や補佐官はトランプへの忠誠を第一に選ばれ、第1期のような混乱は起こりそうにない。トランプを批判してきたマスメディアも変わってきた。議会、裁判所、ビジネス、マスメディアの支持を背景として第2期政権は前回と異なる規模とスピードで政策を進めることが可能になった。

＊

第一の政策は移民の排斥だ。トランプは軍を動員して移民の越境を排除し、米国に居住する「不法移民」を米国で生まれた子どもと共に国外に送還しようとしている。就任初日には米国出生による国籍取得を認めない大統領令に署名した。

第二の政策は多様性・公平性・包摂性（ＤＥＩ）の否定である。人種・性別・民族による差別の排除が白人と男性への逆差別を生み出したという認識を背景とするＤＥＩ否定は連邦政府ばかりか各州に及び、学校教育を変え、私企業にまで影響が及ぶだろう。米国社会における女性とマイノリティーの立場が弱まることは避けられない。

第三が環境・エネルギー政策の変更だ。第1期政権は地球温暖化に関するパリ協定から離脱した。その後、米国は協定に復帰したが、第2期政権は再度の離脱を決定した。脱炭素政策は後退し、エネルギー生産への諸規制も撤廃されるだろう。

＊

では外交はどうか。既存の条約や合意にとらわれない対外政策が進められるほかには、わかることが少ない。予測できない行動をとるのがトランプの特徴だからだ。

友好国に対して関税引き上げと防衛費拡大が求められるのはほぼ確実だ。米国への譲歩を最も期待できる相手は対立する国ではなく、相互依存関係が高いうえに米国より経済的・軍事的に弱い友好国である。通商協定や同盟が米国に負担を強いてきたと訴えてきたトランプは、自国のために他国を犠牲とする近隣窮乏化と、安全保障の対価の要求、レントシーキングを進め、途方もない規模の関税と防衛費拡大を要求するだろう。

では軍事的に対立する国との関係はどうか。トランプの泣き所は、ここにある。

北朝鮮政策に見られるようにトランプは核兵器使用を含む最大限の圧力を加えて譲歩を求

めてきたが、戦争を始めたことも、終わらせたこともない。最大限の圧力を加えても譲らない相手にはどうすべきか、トランプに答えはない。

トランプは関税引き上げや大規模な経済制裁によって中国に圧迫を加えるだろう。しかし、これらの施策は中国から譲歩を引き出す手段に過ぎない。何よりもトランプは中国を米国への直接の脅威と考えておらず、米国の安全を脅かしてまで台湾を支援する意思が乏しい。中国が武力行使に訴えても米国が軍事力で対抗しない可能性がある。

ウクライナの戦争では、米国主導の停戦はほど遠い。米国が軍事支援を中止すると脅してもウクライナがロシアに譲歩する可能性は低い。米国が対ロ経済制裁を拡大し、軍事的に威迫したところでロシアが戦争を断念することは期待できない。

トランプはウクライナの戦争をヨーロッパ諸国が取り組むべきヨーロッパの戦争だ、戦争が続く責任はヨーロッパ諸国にあると訴えるだろう。だが、米国がウクライナ支援を取りやめても米国以外のNATO諸国はウクライナ支援を続ける可能性が高い。米国に頼ることのできない状況を前にすれば互いの連携を強めるほかに選択肢がない。同盟国や友好国に圧力を加えれば各国が米国から離反することが避けられないのである。

ヨーロッパだけではない。トランプ政権の誕生は世界各国が米国に頼ることのできない状況をつくりだした。では日本は、米国に頼ることができない状況のなかで日米韓豪比5カ国連携をどう進めるのか。中国への抑止と外交をどう両立させるのか。日米関係だけでは答えを得ることができない課題がここにある。

（2025年1月22日）

## 覇権から撤退する米国

ドナルド・トランプが米国大統領に復帰する。第2期のトランプ政権は、世界大国としての権力強化でも、また米国の凋落《ちょうらく》でもなく、米国の覇権からの自発的撤退によって特徴付けられると私は考える。

第2次世界大戦後の世界は米国の覇権の下にあった。イギリスやフランスのように植民地として領土的支配を行うことは少ないものの、軍事基地と同盟から国際貿易における影響力に至るまで、過去の植民地帝国をはるかに凌駕《りょうが》する規模において米国が権力を保持してきたからだ。

米国の権力をどう見るのか、議論が分かれてきた。米国の利益に沿うように世界を支配しているのか。米国だけでなく世界各国に普遍的意義を持つ理念と規範に従って、各国との協力に基づいて国際秩序を支えているのか。国外への支配か、世界が必要とするリーダーシップなのか、米国の覇権を捉える視点は正反対に見える。しかし、支配も指導も覇権国家としての米国の二つの顔として表裏の関係にあった。米国はデモクラシーの帝国だった。

＊

米国の外からその覇権に対する批判と反抗が生まれたことは異とするに足らない。冷戦期に米国と対立を続けたソ連や中国はもちろん、米国と同盟を結ぶ日本も、国際貿易においては米国との紛争を続けてきた。

だが、覇権を維持するために米国が負担を払ってきたことも見逃せない。なぜ本土の安全と直結しない戦争に米国が関与するのか。なぜ競争力の乏しい産業を犠牲にして自由貿易を支えるのか。覇権国家としての負担は米国の力を弱めているのではないか。国外からだけでなく国内からも、覇権国としての米国の役割を疑う声があった。

そこから生まれるのが、覇権からの自発的撤退という選択である。トランプは「アメリカを再び偉大にする」と選挙で繰り返し訴えた。だが、トランプは世界大国としての米国を求めてはいない。選挙の中で訴えた移民流入の排除や輸入品への大幅追加関税などの政策を見ればわかるように、トランプは米国の力を外に広げるのではなく、米国をその外から閉ざすことに関心を向けている。

覇権秩序の両輪は米国を中心とする軍事同盟と自由貿易秩序だった。どちらも米国の利益に合致する制度だが、トランプから見れば同盟も自由貿易も米国への「ただ乗り」であり、米国の利益を損なうものに過ぎない。

トランプの求める偉大な米国とは国際制度の束縛から解き放たれた米国である。かつての孤立主義の復活と見ることもできるが、第2次世界大戦前と異なって現在の米国は軍事安全保障でも国際貿易でも世界秩序に関わっているだけに、覇権からの撤退は国際政治に大きな打撃を与えざるを得ない。

*

ヨーロッパでは、NATO諸国の協力が弱まることは確実である。バイデン大統領は、ロシアによるウクライナ侵攻に対してNATO諸国が結集してウクライナ防衛を支援することを米欧関係における最大の政策課題としてきた。これに対してトランプは、第3次世界大戦を防止しなければならないと訴える一方でウクライナ支援継続については口を閉ざしてきた。

仮にトランプがウクライナを頭越しにしてプーチン政権と交渉したとしても、ウクライナの戦争が終わるとは限らない。だが、米国以外のNATO諸国は米国の軍事支援なしにウクライナ支援を続けることを強いられる。米国なきNATOという展開である。

アジアでは、中国の台頭への対抗を最大の課題とする点においてバイデン政権とトランプ政権に違いはない。しかしトランプは米中競合の重心を軍事から経済に移すだろう。中国の軍拡よりも米国の市場防衛が優先事項だからである。

さらに中国ばかりか韓国や日本などの同盟国に対しても関税引き上げや米軍駐留経費引き上げなどの圧力が加えられる。米国の圧力によって譲歩を得ることは、敵対関係に立つ国家よりも友好国に対する方が容易だからだ。

覇権からの撤退に対する各国の対応は異なるものになるだろう。韓国では、対中政策でも対北朝鮮政策でも米国との隔たりが拡大するなかで、米国の拡大抑止に頼らない自主防衛の模索に向かう可能性が高い。バイデン政権の下で実現した日米韓三国の防衛協力がトランプ政権の下で弱まることも避けられない。

では日本はどうするのか。安倍晋三首相（当時）はトランプ政権、あるいはトランプ個人への接近による日米関係の安定を選んだ。安倍政権の選択を踏襲するのか、米国が覇権から退くなかにおいて多国間秩序の再構築を試みるのか。石破政権の選択が問われている。

（2024年12月18日）

## 「力の均衡」が復活する世界

ドナルド・トランプが米大統領に当選した。既に覇権国アメリカを中心としてつくられた「リベラルな国際秩序」は揺らいでいたが、米国が覇権から後退し、国境の中の米国に戻ることによって、第2期トランプ政権のもとで米国が「リベラルな国際秩序」から離れ、国際関係がこれまでにない混乱に陥ることが避けられない。

米国は他の諸国を凌駕する軍事力と経済力によって世界の覇権国としての地位を享受し、政治的には民主主義、経済的には資本主義の普遍性を掲げ、その世界的拡大を求め、実現してきた国家である。その普遍主義が米国の利益に合致していたことは言うまでもなく、米国以外の諸国との間には力の格差が開いていた。米国は民主主義を唱えながら世界に権力を拡大するデモクラシーの帝国でもあった。とはいえ、民主主義と資本主義は世界の諸国から見ても受け入れることのできる観念だったことも否定できない。

「リベラルな国際秩序」とは覇権国の主導によって、国際関係における法の支配を実現するものであった。どの国であっても、この国際秩序に参加する機会は開かれていた。既に民主主義と資本主義を制度として実現した欧州や日本・豪州・韓国ばかりでなく、ロシアや中国も含め、民主主義と資本主義への転換を進めることによって「リベラルな国際秩序」の一員として迎えられるはずだった。

＊

国家主権を中核として構成された伝統的な国際政治と異なり、「リベラルな国際秩序」は自由な市民社会を中核として構成される。仮に国内社会ばかりでなく国際関係においても法の支配が求められるとするならば、国家主権と内政不干渉によって国内における独裁や殺戮《さつりく》を正当化することは許されない。人権の普遍性によって国家主権を相対化する点において、「リベラルな国際秩序」は主権国家体系としての国際政治とは明らかな相違があった。

第2次世界大戦中のフランクリン・ルーズベルト、米ソ冷戦終結期のロナルド・レーガン、そしてビル・クリントンからバラク・オバマやジョー・バイデンに至るまで、「リベラルな国際秩序」の維持と拡大は歴代の米国大統領が対外政策の中心としてきた。だが、トランプは違う。国内においても法の支配に服することを拒み続けたトランプは、国際関係も権力闘争の領域として捉え、むしろ実力者支配を隠そうともしないロシア大統領プーチンや中国国家主席の習近平を優れた指導者として讃《たた》えてきた。

ここに見えるのは「リベラルな国際秩序」から「力の均衡」としての国際政治への転換である。大国の合従連衡を特徴とする力の均衡は少なくとも第1次世界大戦までは国際秩序の原型であった。トランプの下の米国は、世界を力の均衡の時代に押し戻そうとしている。

＊

その端的な例が米ロ関係だろう。ロシアのウクライナ侵攻は明白な侵略行為であるが、トランプから見れば弱い国が強い国に逆らう不毛な抵抗であり、米国がウクライナを支援する必要はなく、ウクライナを頭越しにした米ロ交渉による休戦が模索されるだろう。米国以外のＮＡＴＯ諸国はウクライナ支援の継続を模索するだろうが、米国抜きで戦争を支えることは難しい。プーチン政権にとって、西側諸国の結束を弱めるという年来の願いが実現することになる。

中国の習近平政権は、米国との対立関係にあるロシアとの軍事連携を強め、イラン、北朝鮮との関係も強化している。「リベラルな国際秩序」という視点ではなく力の均衡という視点から見ても米国の戦略的地位の脆弱《ぜいじゃく》化であり、米中の競合は避けられない。だが同盟国との連携を掲げてきたバイデン政権と異なって、トランプは米国と他国との協力に基づいた対中政策を想定していない。同盟ではなく関税の大幅な引き上げと米国単独の軍事的脅しによって中国への牽制《けんせい》が模索されるだろう。

だが、まさにトランプが国際協定や合意を顧みないからこそ、米国と競合する相手にとって取引の機会が生まれる。習近平政権から見れば、米国政府に、いやトランプ個人に十分な見返りさえ与えるならば、米国に台湾防衛を断念させることさえ期待できる。同盟の堅持を基本としたバイデンと比較するとき、トランプは中国にとって望ましくない交渉相手ではない。

力の均衡が支配する世界において小国の果たす役割は小さい。同盟を顧みないトランプ政権を前にした日本を始めとする米国の同盟国は、米国なき同盟を支えるか、独自防衛に走るかという選択に迫られてしまう。トランプ当選によって「リベラルな国際秩序」はガラスの城のように壊れようとしている。

（2024年11月20日）

## 坪井直さんが謝罪よりも願ったこと
### ――日本被団協・ノーベル平和賞受賞

日本原水爆被害者団体協議会（日本被団協）のノーベル平和賞受賞が決まったと聞いて最初に思ったのは、被団協代表委員を務めたひとり、2021年に亡くなられた坪井直《すなお》さんのことだった。

＊

坪井さんが広島を訪問したオバマ米大統領（当時）と握手した写真をご覧になった人も多いだろう。米国の原爆投下を謝罪もしないオバマに会うとは何だという批判があった。しかし坪井さんはオバマに会い、握手した。

坪井さんらしいと思った。広島と長崎への原爆投下は膨大な一般市民の殺戮であり、いかに日本政府に日米戦争の開戦責任があるとしても容認する余地はなく、米大統領に謝罪を求めるのも当然だ。しかし、坪井さんには、謝罪よりも大切なことがあった。世界から核兵器を廃絶することだ。

いつお目にかかっても、坪井さんはまっすぐに背を伸ばし、思いがけないほど大きくはっきりした声で、自分の被爆体験を語り、核廃絶を訴えた。広島で経験した殺戮がまた起こってはならない。核兵器がある限り死ぬことはできないと、坪井さんは繰り返しおっしゃられた。

米ソ冷戦の時代、米国との同盟と核の傘に頼る政府は核兵器廃絶に消極的だった。左派を主とした核廃絶を求める運動は党派対立に左右され、米国の核兵器は認めないがソ連の核兵器は弁護するかのような議論が運動の信用を損なった。そのなかで被団協は、どの国のものかを問わず、核兵器の廃絶を求めるという立場を保った。

冷戦終結は核兵器に頼る「平和」から脱却する機会になるはずだった。中距離核戦力全廃条約（1987年調印）や第1次戦略兵器削減条約（STARTⅠ、91年調印）など、80年代末以後の米ソ冷戦終結の過程は核軍縮の試みと結びついている。ゆるやかとはいえ核軍縮が始まり、核兵器に関する焦点も核不拡散、新たな核保有国やテロ組織の阻止に移った。

核兵器保有国が核軍縮を進めなければ核不拡散も実現できない。核兵器のない世界を求めるペリー元米国防長官などの意見論文（07年）、ギャレス・エヴァンス元豪外相、川口順子元外相を共同議長とする核不拡散・核軍縮に関する国際委員会（08年〜）は実務家による核廃絶に向けた軍縮の模索だった。その延長線上にオバマ大統領のプラハ演説（09年）がある。

だが核の削減は進まなかった。核不拡散条約（NPT）の求める全面核軍縮条約を目的とする交渉が停滞するのを前に非核保有国が集まって核兵器禁止条約を起草し、21年に発効、現在の署名国・地域は94にのぼる。核兵器の廃絶は国際世論になった。

＊

現在の世界では核廃絶どころか、実戦における核兵器使用の可能性も生まれている。ロシアのプーチン政権は新戦略兵器削減条約（新START）履行停止を宣言し、核兵器の使用を示唆するような威嚇を繰り返した。核兵器を盾に使ってNATO諸国のウクライナ支援を阻止する試みである。

被団協の平和賞受賞の背景にはプーチン政権の核による威嚇がある。広島と長崎に原爆が投下されてから79年、核兵器が実戦で使われることはなかったが、核の威嚇を恐れずにウクライナ支援を拡大すれば、ロシアは実際に核兵器を使用するかも知れない。その恐怖があるからこそ、核廃絶を訴え続けた被団協の平和賞が決まった。

だが、核の脅しのためにウクライナ支援を中止するなら、ロシアのウクライナ支配は拡大し、NATO諸国の安全も脅かされる。核戦争が起こってはならないが、侵略者の勝利も認められない。受け入れることのできない選択を強いられるジレンマである。

東アジアでも中国では通常兵器に加えて核兵器も急増しており、北朝鮮はミサイル実験を繰り返している。中国や北朝鮮の脅威を前にすれば必要なのは核廃絶ではなく核抑止の強化だという議論になるだろう。だが核に対して核で立ち向かうなら中国も米国とその同盟国も核兵器への依存を深め、小規模の国際紛争が核戦争にエスカレートする危険が拡大してしまう。核の傘は平和を保証しない。

核兵器によって国家と国民の安全が保たれると核保有国と核の傘に頼る諸国が信じる限り、核廃絶は実現できない。いま必要なのは核兵器不使用の再確認、安全保障における核兵器依存からの脱却、そして核兵器廃絶に向けた核軍縮の再開である。

数多くの被爆者のように坪井さんも核兵器のない世界を見ることなくお亡くなりになった。核廃絶を理想ではなく現実にしなければならない。

（２０２４年10月16日）

## トランプの人種偏見

米大統領選挙まで50日を切った。ジョー・バイデン大統領の断念後に大統領候補となったカマラ・ハリス副大統領は民主党の支持を固め、世論調査では共和党候補ドナルド・トランプ前大統領を全国では僅差《きんさ》で上回り、激戦州でも拮抗《きっこう》している。まだ接戦が続いているが、トランプが勝ちそうな選挙はトランプが負けそうな選挙に変わった。

バイデンと年齢・性別・人種が異なるためもあって、ハリスは現職副大統領でありながら変革を訴える候補というイメージをつくることに成功した。他方のトランプは政策を訴えるよりも自慢とウソ、それも自分の集会に歴史上空前の人数が集まっている、ハリスの集会には誰も来ていないなどの発言を繰り返している。

9月10日に行われたテレビ討論会で、ハリスは民主党政権の防御ではなく、トランプを攻める側に徹した。ハリスは罠《わな》にかけるかのようにトランプが反発しそうな表現を繰り返し、その都度トランプは罠にはまった。ハリスは大統領候補よりも被告を尋問する検事のようだった。

防御を強いられるトランプが繰り返した発言の中でも注目されたのが、オハイオ州スプリングフィールドではハイチから来た移民が犬やネコを食べている、ほかの人のペットを食べているというものだ。市政担当官はそのような事実が報告されていないと述べていると討論の司会者は指摘したが、テレビで見たとトランプは反論した。

ハイチ移民がペットを奪って食べた事実は確認されていない。隣人が人から聞いた話をソーシャルメディアに紹介した人は既にその誤りを認めている。だがトランプはテレビ討論会後に行われた選挙集会でもハイチ移民によるペット略奪をあたかも事実であるかのように繰り返した。

＊

これがトランプだ。今回のテレビ討論会はトランプの自滅で終わったが、それ以上にトランプの実像を米国の有権者に見せつける意義があった。これまで新聞やテレビがトランプの言葉を報道するとき、読者や視聴者の受け入れやすい言葉や意味のある言葉に置き換えられ、わけのわからない言葉が一理ある主張であるかのように伝えられてきた。このようなトランプの「正常化」の結果、実際にトランプが口にしてきた相手への罵倒や虚偽や思いつきが報道され、議論の対象となることは少なかった。

移民によるペット奪取と食用は、しかし、笑い話では終わらない。かつてのアジア系移民に加えられた偏見を考えれば分かるように、犬やネコを食べるというイメージは人種・民族の差別と迫害の典型的な表現に他ならないからである。

トランプは不法移民流入の阻止を求めているだけではない。不法移民が選挙で投票しているという根拠のない主張を行うとともに、法的資格なしに米国に現住する移民の多くを国外に追放すべきだと訴えているからだ。

ハイチ移民の集まるスプリングフィールドは、その多くが合法移民であるにもかかわらず、不法移民大量流入のシンボルにされた。既に爆破予告のために市庁舎と学校は一時閉鎖に追い込まれた。

ハリス、さらにはオバマ・バイデン両大統領も、不法移民の流入には強硬策で臨んできた。トランプとの違いは強硬な移民政策をとるか否かでなく、多数派と異なる人種と民族を米国から排除するかどうかである。

*

多様な人種と民族で構成される米国では、新たな移民によって白人の人口比率は低下してきた。人種差別、さらに性差別の撤廃によって追い詰められたと思い込んだ人々がトランプ支持の基盤を構成している。

トランプの持つ人種偏見は既に明らかとなっている。大統領になる前の1989年、ニューヨークのセントラルパークで女性が殴打・レイプされた事件では非白人5人が容疑者として逮捕されたが、トランプはこの5人を極刑に処すべきだとする広告をニューヨーク・タイムズなどの各紙に掲載した。その後この5人は無罪が確定するが、トランプはいまでも謝罪を拒んでいる。

大統領になった後の2017年8月にバージニア州シャーロッツビルで白人至上主義を掲

げる団体とその集会に抗議する人たちの衝突事件が発生した。そのときトランプは、どちらにも責任があると述べ、白人至上主義への批判を控えた。

米大統領選は、追い詰められたと思い込んだ白人と男性を代弁するトランプと、人種・民族・性別の差異を問わない連帯を訴えるハリスとの間の選択であり、他者の排除による政治と、自己と他者を含む市民社会の選択である。トランプの「正常化」に与《くみ》してはならない。

（2024年9月18日）

## アメリカ政治が破滅する恐怖

米民主党大会が始まった。大統領候補の正式指名のための集会だが、現在の民主党は2カ月前とまるで違う。

2カ月前は、ジョー・バイデン大統領では選挙に勝てないという観測が一般だった。支持率で僅差とは言えドナルド・トランプ前大統領に後れを取り、激戦州の状況はさらに厳しい。トランプとテレビ討論するバイデンは高齢による衰えを隠せなかった。

トランプ銃撃事件後に開かれた7月の共和党大会は成功に終わり、共和党への支持拡大が見込まれた。バイデンでは勝てないが、バイデンが降りても後継の選出で民主党が混乱し、さらに弱まる公算が大きい。民主党敗北は避けがたい宿命であるように見えた。

ところが共和党大会後にバイデンが再選を断念し、民主党は一気にカマラ・ハリス副大統領に結集する。副大統領候補にミネソタ州知事ティム・ウォルズを迎え、激戦5州で開かれた集会では膨大な数の人々が集まった。世論調査でも支持率を伸ばし、全国ではハリスがトランプを2ポイント前後リード、激戦州でもハリス優位かトランプとほぼ互角という情勢である。

私もバイデンでは選挙に負ける、だがバイデンが選挙から降りたなら民主党は次の候補の選任で混乱を続けると恐れたひとりだ。1968年のリンドン・ジョンソン大統領再選断念、ロバート・ケネディ上院議員暗殺、そしてシカゴ民主党大会の大混乱とニクソンの大統領当選を思い出さずにいられなかった。

バイデンの再選断念は、しかし、稀《まれ》に見る政治的結集を引き起こした。バイデンが候補なら大統領選挙ばかりか上下両院も共和党に奪われてしまう。何よりも、トランプが再び大統領になれば民主党ばかりかアメリカ政治が破滅する。その恐怖のために民主党はハリス候補支持にまとまったのである。

＊

落選を恐れる議員が大統領候補を引きずり落としたところで政治が変わるわけではない。現職の副大統領である以上、ハリスがバイデン政権の不人気を引き継いでも不思議はない。

だがハリスは、バイデンより若いうえに女性、そしてアフリカ系の父とインド系の母から生まれ、白人男性のバイデンとは違う。ハリスは与党候補でありながら現状を変革する指導者としての支持を集めた。トランプは過去、ハリスは未来というイメージだ。

実況中継されるハリスの選挙集会は巨大な会場がどこでも人で満たされていた。テーマ曲に選ばれたビヨンセの「フリーダム」が流れるなか演壇にハリスが登場すると、ロックスターのライブのように盛り上がる。バイデンが候補なら考えることのできない熱気があった。

その熱気は、指導者に追随する熱狂ではなく、これは自分たちの選挙だ、自分たちが政治をつくるのだというピープルパワーの熱気であり、結びつきを失っていた人々が社会連帯を再発見する喜びだった。バラク・オバマが大統領選挙に出馬した２００８年以後、民主党の集会で見たことのない現象だ。

＊

さらに、トランプの言動がハリスの支持拡大を支えている。ハリスの集会と比べて自分の方が人を集めている、ハリス集会の群衆はＡＩでつくられた画像だとか、雑誌「ＴＩＭＥ」の表紙になったハリスの絵と比べて自分の方が見た目がいいなどと、異様な発言を繰り返しているからだ。

人を集めるのはトランプの特技だった。ニューヨーク五番街で人を撃っても有権者を失わないなどと発言するトランプは、異様な発言にもかかわらず、あるいは異様な発言をするからこそ、支持者を確保してきた。

だが、自己愛が強く、人と自分とを比べずにはいられないトランプは、他者を貶《おとし》めることはあっても自己と他者を含む社会連帯をつくりだすことができない。そして現在の記者会見や集会で繰り返されるトランプの言葉は、乱暴なばかりか、老人の繰り言のように退屈なものになってしまった。

選挙の行方はわからない。まず、トランプ支持層を民主党が奪っているとは言えない。ハリスの支持拡大は女性・若年層・アフリカ系・ラテン系有権者で顕著に見られるが、これはバイデンが取り逃がした民主党支持層を取り戻したものと考えるべきだろう。

選挙でハリスが勝ったとしても、選挙結果を拒む法廷闘争、さらに21年1月6日の議会乱入事件のような暴力を辞さない介入が待っている。もとよりハリス政権がよい政府になる保証はどこにもない。

それでもハリスの登場はアメリカ政治の地殻変動を引き起こしている。暴言と差別と自慢に頼るトランプの賞味期限は過ぎようとしている。他者の排除でなく他者との共存と連帯の

機会がわずかに見えてきた。（2024年8月21日）

## 核兵器が使われるリスク

夏は平和を祈る季節だ。8月6日の広島、9日の長崎への原爆投下を思い起こす。広島の原爆死没者慰霊碑に刻まれているように、過ちは繰り返さないと誓い、犠牲者を追悼する。広島と長崎の被爆を柱とした戦争で失われた命の記憶が、日本における戦争の記憶の中心だった。

米ソ冷戦の時代には被爆体験の解釈に政党党派による違いが反映され、核廃絶に積極的姿勢を示したのは左派政党であった。しかし今では、広島・長崎の被爆の記憶と核兵器廃絶は党派を横断した国民共通の願いとなっている。

問題は、その願いがどのような政策と結びつくのかという点にある。核兵器が再び使用されることがあってはならないという点において国民的合意があるとしても、核廃絶のために必要となる政策については深刻な隔たりが残されているからだ。

＊

隔たりの中核にあるのは、核抑止戦略に関わる判断の違いである。核抑止とは、核兵器による攻撃が加えられた場合に核兵器を使って反撃することを潜在的仮想敵国に伝え、その明確なシグナルを送ることによって相手による核兵器の使用を押しとどめる政策のことを指している。ここでは核兵器は廃絶すべき悪ではなく、相手による攻撃を阻むためには不可欠な選択として位置づけられる。

抑止戦略は核兵器保有国の間ばかりでなく、核保有国と同盟を結ぶ国によっても支持されてきた。自分は核を保有していなくても核保有国と結んだ同盟によって、核兵器による攻撃の抑止を期待するのである。

日本も例外ではない。核兵器が再び使用されることがあってはならない、核兵器は将来は廃絶されなければならないと呼びかけつつ、現時点では米国との同盟と、米国による核攻撃を含む抑止力の提供、拡大核抑止の強化によって日本の安全を保とうとしているからである。

2023年、岸田文雄首相を議長とするG7(主要7カ国首脳会議)がG7として初めて発表した核軍縮に関する共同文書は、将来の核廃絶と現在の核抑止をともに認めるものであった。現時点における核抑止の強化が必要だとする判断には根拠がある。ウクライナ侵攻後のロシア政府は自国が核兵器を保有しているとの言及を繰り返した。台湾を始めとする周辺地域との緊張が続く中国が核を保有することもいうまでもない。潜在的仮想敵国が核を持つ以上、核抑止によって攻撃を未然に回避することは当然だと考える人もいるだろう。

だが、状況はもっと悪い。戦場におけるウクライナの劣勢を恐れたNATO諸国は長距離ミサイルをウクライナに提供し、限定付きではあるが、ウクライナによるロシア領内への攻撃を認めた。ロシアによる核兵器使用の可能性を恐れてウクライナ支援を渋ればウクライナが敗北する危険があるだけに、核兵器で反撃される危険を冒してでもウクライナ支援を強化する選択が取られた。現在の戦況は一進一退だが、苦境に陥った場合にロシアが核兵器を使用する可能性は22年の開戦時よりも高まっている。

＊

また、核保有国と核保有国との間の相互抑止と比較して、非核保有国の拡大核抑止、いわゆる核の傘は常に脆弱である。そこから導かれる一つの可能性は、核の傘に頼る非核保有国が、拡大抑止ではなく、自国の核戦力を開発・配備する可能性だ。

現在の日本政府が核開発を進めているとは私は考えない。だが、韓国においては、独自の核保有を目指すべきだという議論は従来も見られ、仮に韓国が核武装に向かった場合、日本においても核武装を進めるべきだという議論が高まることは避けられない。

米国の次期大統領にトランプが当選した場合、拡大抑止の信頼性はさらに大きく揺らいでしまう。韓国ばかりでなく日本でも独自の核保有が具体的な日程にのぼるのはその時だろう。

そして、新たな核保有国の登場ほど国際政治の安定を揺るがす事件は少ない。核廃絶を遠い将来の課題として先送りし核抑止に頼り続けるだけでは状況は変わらない。いま必要なのは、核兵器への依存と核兵器使用のリスクを減らし、将来の核廃絶に向けた一歩を進めることである。

それでは核廃絶のために取るべき具体的な選択とは何か。湯﨑英彦広島県知事の呼びかけにより日米中豪ロなど各国の専門家を集めて2013年から開催されてきた「ひろしまラウンドテーブル」が取り組んできたのもこの課題だった。私が議長を務める24年の会議でも、核廃絶というビジョンを実現可能な現実とするための提案を試みてゆきたい。

（2024年7月17日）

## ロシア・ウクライナ戦争――暗い展望

NATO諸国を中心とするウクライナへの支援強化が打ち出されている。イタリアのプーリアで開催されたG7サミットは新たなウクライナ支援に合意した。スイスではウクライナ和平案に関する「平和サミット」が開催された。これらの試みにどのような効果を期待できるだろうか。

＊

戦況を振り返ってみよう。ウクライナによる反攻の成果が乏しいなか、ロシア軍はウクライナ東部のアウジーイウカを攻略し、北東部ハルキウにも大規模な攻撃を行った。ウクライナはこれらの攻撃への反撃に加え、ドローン、さらに長距離ミサイルによるクリミア半島やロシア領内への攻撃を繰り返している。

ウクライナによるロシア本土攻撃は米国やＮＡＴＯ諸国が憂慮した事態である。当初長距離ミサイルがウクライナに提供されなかったのも、ロシア本土攻撃がロシアとＮＡＴＯ諸国の直接の戦争、さらに核兵器の使用にエスカレートすることを避けるためだった。

だが、ウクライナを盾とするかのように自国の防衛を図るＮＡＴＯ諸国にとって、ウクライナの敗北は受け入れることができない。ウクライナが劣勢と見られる戦況を前にしたイギリスは長距離巡航ミサイルのストームシャドー、米国も長距離地対地ミサイルＡＴＡＣＭＳの供与に踏み切った。

長距離ミサイルの提供はそれがロシア本土攻撃に用いられる可能性を知ってのことであった。バイデン政権は公式にも限定的攻撃を認め、ウクライナ領内にほぼ限定されていた戦場はロシア本土に拡大した。

G7プーリア・サミットに先だって米国政府は対ロ経済制裁拡大に加え、経済制裁によって凍結されたロシアの海外資産をウクライナ支援に活用する方針を発表し、G7サミットはロシア凍結資産のウクライナ支援への活用を認めた。

＊

G7サミットの後、スイス中部ビュルゲンシュトックで開催された「平和サミット」には90を超える国・機関が参加した。ウクライナ支援を広げ、将来の和平に向けた基礎をつくった試みとしてこのサミットを評価することもできる。しかし、中国はサミットを欠席し、インド、南アフリカ、インドネシアなどグローバルサウス（新興・途上国）のなかの大国は、共同声明に合意しなかった。

なぜ共同声明に加わらないのか。インド代表は、ロシアの出席しないサミットの共同声明には合意できないと述べた。ロシアとの協力を強める中国との関係のために合意をためらった国もあっただろう。

だが、それだけではない。ハマスによるイスラエル攻撃に端を発したガザ地区攻撃は大規模な人道的被害をもたらしている。グローバルサウスから見るなら、ウクライナにおける一般市民の殺害を非難しながらガザの一般市民殺害を見過ごすことはダブルスタンダード（二重基準）に外ならない。平和サミットはウクライナ支援において西側諸国とグローバルサウスとの間に開いた距離を露《あら》わにした。

さらに、ロシアがウクライナとの停戦に応じる兆しがない。平和サミット直前にプーチン政権は、停戦の条件として東・南部4州からのウクライナ軍の撤退とウクライナのNATO加盟断念を求めていると発表した。ロシア軍支配下にある地域ばかりか、制圧していない地域からもウクライナ軍の撤退を求めるのだから、この提案が停戦合意の基礎になるとは考えられない。

私はロシアによるウクライナ侵攻は容認できない行動であり、ウクライナによるロシアに対する防衛は正当な選択であると考える。ロシアがこの侵攻で勝利を収める可能性は小さいとも考える。ウクライナが劣勢となればNATO諸国が支援を拡大し、ロシアに反撃する能力が高まるからだ。

だが、対ロ制裁とウクライナ支援拡大が停戦につながる可能性も低い。ウクライナにとって侵略者の排除が譲ることができない目標であるように、プーチン政権にとって戦果のない停戦はあり得ない。

NATO諸国のウクライナ支援は各国の内政のために変わる可能性がある。なかでも注目されるのが米大統領選挙だ。トランプ前大統領はデトロイトの集会でウクライナ支援を批判し、大統領就任後にこの問題の決着をつけると述べている。ウクライナ支援見直しの方針といっていい。

ロシアから見れば、NATO諸国の政権が変わり、同盟の結束が揺らぐまで戦争を続ければよいことになる。

この残酷な戦争はプーチン政権が倒れるまで続き、さらに多くのウクライナ国民、そしてロシア国民も犠牲となる。それが私の暗い展望である。

（2024年6月19日）

## 日本は欧米か、欧米以外か

ウクライナとガザの戦争が続いている。二つの戦争のために国際政治がさらに不安定となるなかで、気になる問いがある。日本は西側諸国の一員なのか。それとも、非欧米諸国の一員なのだろうか。

日本は価値を共有する国だなどと欧米諸国の人から呼ばれると、どうも居心地が悪い。米国や西欧諸国の人々は、日本を価値を共有する国だと本当に考えているのか。言うことを聞かせるために頭をなでられるような気持ちの悪さがつきまとう。

日本政府が欧米諸国と価値を共有する民主主義国と自称するときも居心地が悪い。政治体制としては日本は民主主義に分類できる。だが、自民党一党優位の続く日本政治が民主的だとは私には考えにくい。民主主義ではない国家を他者として突き放すためにこの言葉が用いられている疑いも残る。

ひねくれた見方をする背景には子どもの時に米国で暮らした経験があるのだろう。小学校で私はよそ者だった。日本人だからか生意気だからなのかはわからないが、差別もいじめも受けた。大学院に留学した1980年代の米国は、小学校に通った60年代と変わり、差別を意識することはなかった。それでも他者として見られている意識が、皮膚感覚のように私につきまとった。

*

だが、欧米と異なるアジアの一員として日本を捉えることもためらわれる。国際秩序が欧米地域の優位の下で構築されてきたとしても、国際政治における規範は欧米のものに過ぎないと切り捨てることは、私にはできない。

第1次世界大戦後の1918年、近衛文麿は「英米本位の平和主義を排す」と題する文章で、「英米人の平和は自己に都合よき現状維持」に「人道の美名を冠したるもの」であると喝破した。

いまだってそうだ、1918年だけではないと思う人も多いだろう。

20世紀の国際秩序に英国、そして米国のもとの覇権秩序としての性格があったことは否定できない。

だが、3度にわたって首相となった近衛のもとで盧溝橋事件後に日中戦争が拡大し、太平洋戦争直前の日米交渉が失敗したことを忘れてはならない。英米本位の世界への対抗は日本の侵略戦争と自滅をもたらした。

ロシアによる2022年のウクライナ侵攻は、現代国際政治の規範を破る、国連憲章と国際人道法の視点から容認できない侵略だった。それを非難する22年国連総会決議に日本が賛成したことは当然だった。

他方、イスラエルのガザ攻撃は、どれほどハマスによるイスラエル国民への暴力が非道であったとしても、自衛を目的とする武力行使をはるかに上回る暴力である。だが、イスラエルとハマスに人道的休戦を求める23年10月国連総会決議で、日本は棄権した。米国の決議への反対抜きに日本の棄権を理解することはできない。

＊

ロシアのウクライナ侵攻と米中競合の中で、米国を中心とした同盟国の連携が強化されている。米国と同盟を結ぶオーストラリア、韓国、フィリピン、日本が相互の連携を強め、欧州のＮＡＴＯにも比すべき多国間同盟が生まれつつある。

この同盟国のつながりを、価値を共有する民主主義国の連携として見ることはできる。「リベラルな国際秩序」を自認する諸国と米国中心の同盟国がほぼ重なり合っているからだ。

しかし、この国際連携は米国を頂点とした覇権秩序としての性格も持っている。軍事力と経済力の抜きんでた米国と連携し、米国の覇権を受け入れることで安全保障と経済発展を模索する。価値やルールではなく、力と実利に基づく連携である。

ロシアや中国との対抗も、国際政治のルールを守らない国家との対抗ばかりでなく、米国中心の覇権秩序に対する脅威への対抗という側面がある。

しかし、日本外交は米国に追随するだけのものではない。24年5月10日、国連総会はパレスチナの国連加盟を支持する決議を採択した。人道的休戦決議では棄権した日本が、今回のパレスチナ加盟支持決議では賛成した。

この総会決議によってパレスチナの加盟が決まるわけではない。国連加盟勧告が安保理に提起されても米国が拒否権を行使する可能性は高い。それでも、欧米諸国だけではない世界全体の国際秩序という視点から見て、総会決議への日本の賛成は正しい選択であったと私は思う。

国際関係の基礎に覇権秩序と権力闘争があることは否定できない。しかし、欧米と非欧米などという区別も誇張に過ぎない。世界を地域に区別し、その地域を文化と結びつけて考えることは、国際政治の現実を不当に単純化することで終わってしまうだろう。

（2024年5月15日）

## 必要のない戦争を避けるために

岸田文雄首相の米国公式訪問は、日米両国の防衛協力、さらにアジア太平洋における同盟協力が飛躍的に拡大するなかで行われた。

過去10年弱の間に日本の防衛体制は大きく変わった。

2015年に策定された日米防衛協力指針（新ガイドライン）と関連法（新安保法制）、さらに22年の国家安全保障戦略など防衛3文書を基礎として、日米両国の防衛協力が拡大してきた。

注目されるのが指揮命令系統の変化だ。いま国会で陸海空の自衛隊を一元的に指揮する統合作戦司令部の創設が審議されているが、これが在日米軍に指揮統制機能を与える米軍再編とあわせて実現すれば、安全保障上の緊急事態における自衛隊と米軍の迅速・緊密な連携が可能となる。今回の日米首脳会談後の共同声明でも、自衛隊と米軍の指揮統制機能強化が表明された。

日米両国の連携だけではない。米国と同盟を組む諸国の間における防衛協力も急速に進められている。

＊

NATOによって多国間同盟を制度化した欧州と異なり、アジア太平洋においては二国間同盟が主体であり、米国と同盟を結ぶ各国との間における連携は限られていた。アジア太平洋の同盟は米国を車輪の軸とするハブ・アンド・スポークと形容されるが、その姿は同盟国相互のつながりが弱い現れだった。

いま、アジア太平洋の二国間同盟は多国間同盟に変わろうとしている。既に豪州と日本は防衛協力を進めてきたが、23年に日米韓3国の首脳はキャンプデービッド会談で3国の多角的協力について合意した。米国を中心としつつ、従来にない日韓の防衛協力が実現した。歴史的転換だった。

今回の岸田首相訪米では、バイデン米大統領、マルコス比大統領との日米比3国首脳会談が行われ、米国、日本、フィリピンの防衛協力を進めることに合意した。さらに、日本は米英豪の安保枠組み「AUKUS」と先端軍事技術における協力を検討しており、将来AUKUSに日本が加わる可能性もある。

これらはいずれも既存同盟国の連携強化であり、新たに同盟に加わる国は見られない。日米豪印4カ国の戦略対話（QUAD）を見ても、インドが西側同盟に加わる展望はまだ見えない。

それでも、これほどの大規模な防衛体制の再編と同盟強化はかつてないことだ。憲法の制約を根拠に防衛協力の範囲を限定してきた日本がその範囲を拡大し、米国とその同盟国との共同行動の道を開いた。米国が岸田首相の訪米を歓迎したのも当然だろう。

この変化が起こった最大の理由は軍事台頭する中国に対して抑止力を強化する必要である。日米比首脳会談でも、南シナ海における中国の圧力に対し結束することが確認された。

＊

では、同盟と抑止力強化は実際に中国の武力行使を抑えるだろうか。

軍事的圧力を加えても中国の行動が変わる可能性は少ない。中国政府は関税引き上げや貿易規制に対しては敏感に反応し、対応策も示してきたが、軍事戦略については外から圧力を加えられても変化が乏しかった。米国とその同盟国とが一体となって中国に対抗することが既に想定されているからだ。

攻撃された場合に反撃を加える力を拡大したところで、相手が攻撃を回避する保証はない。防衛協力と同盟強化は武力行使の阻止ではなく、戦争に勝つこと、例えば台湾に中国が武力行使を行ったときにそれを退けることにおいてこそ意味がある。

では、必要のない戦争を避けることはできるのか。ここには、中国との緊張が拡大したとき、武力行使の可能性を引き下げる外交の機会はどこに求められるのか、またその外交の主体はどの国か、という問題がある。

抑止と外交は二者択一ではない。対外政策では軍事的圧力による攻撃の予防も外交によって戦争のリスクを引き下げることもともに必要だ。軍事的圧力に頼る対外政策だけでは国際危機における緊張の緩和を期待できない。

さらに、米国は同盟国との連携によって中国に圧力を加えつつ米中の協議によって危機を打開する余地を常に残してきた。だが、岸田政権には中国との外交を模索した跡が見られない。日米同盟は米国の戦争に日本が巻き込まれる懸念と、米国が日本防衛から離れる懸念の間を揺れ動いてきたが、いま進んでいるのは日本が対中抑止の先頭に立ちながら外交による緊張緩和の可能性は求めない状況である。

防衛協力と同盟拡大に頼る対中政策だけでは日本外交の主体性が失われる。かつてのニクソン政権における米中接近のように、将来の米国が対中政策を転換したとき、日本が取り残されることを覚悟すべきだろう。

（2024年4月17日）

## 自ら望んで自由を放棄する人びと

もしもトランプになったら（「もしトラ」）とか、ほぼトランプで決まった（「ほぼトラ」）などという言葉がマスメディアに広がっている。トランプ前大統領再選が避けることのできない天変地異のように語られている。

州予備選挙を前にした米国ジョージアでトランプが演説した。2020年大統領選挙は不正だったとか越境する移民がわが国を征服しているなどの誤りと誇張に満ちた演説のなかで、見ていて苦しくなったのがバイデン米大統領の物まねだった。バイデンが吃音《きつおん》に苦しんできたことはよく知られているが、トランプは吃音を再現、というより子どもが吃音者をいじめるように、大げさに演じたのである。体に不自由を抱える人をトランプが物まねするのは初めてではない。それでも、人の苦しみに寄り添うのではなく嘲《あざけ》りの対象にする人間が再び米国大統領になる可能性を考えると、胸が苦しくなった。

＊

2016年11月、トランプが当選した直後に、私はカリフォルニア大学バークリー校で授業をした。人種、民族、性別が多様なクラスの学生が話題にするのは、やはり大統領選挙だった。白人の学生はこんなことが起こるはずはない、理解できないと繰り返した。ラテン系の学生はこれが米国だ、恐れていたことが起こったと冷静だった。米国のデモクラシーはこれで終わりだという学生の言葉が心に残った。

トランプ当選後の日本ではトランプが大統領となることで米国社会と国際政治がどう変わるのか、危惧を訴える声が思いの外に少なかった。トランプに投票した米国人に耳を傾けよという声はあったが、白人ではない米国人に耳を傾ける人は少なかった。

当時の安倍晋三首相がトランプの懐に飛び込むかのようにつながりを強めたため、トランプが大統領でも日米関係は大丈夫だという安心が広がった。日米関係の方がデモクラシーのゆくえよりも大事にされていた。

私たちが民主主義と呼ぶ秩序は法の支配を基礎とする自由主義と、市民の政治参加を基礎とする民主主義が、互いに緊張をはらみつつ結びついた政治秩序である。ここで選挙によって選ばれた政治指導者が、選挙による授権によって法による拘束を取り払って政治権力の集中を試みた場合、自由主義と法の支配は退き、民主主義の名の下で強権的支配が生まれてしまう。

カナダの哲学者チャールズ・テイラーは『マルチカルチュラリズム』のなかで立憲的な政治秩序と民族の優位を基礎とする秩序を対比し、デモクラシー、正義、平等と憲法だけで国家を支えることができないため、より原初的で粗暴なナショナリズムに傾く可能性を論じた。

テイラーは、憲法の下で多民族社会の政治統合を試みてきた米国がナショナリズムと白人優位の政治に代わる危険を見据えていた。立憲的秩序の中核は法の支配と政治権力の規制であり、その秩序が民族優位を基礎とするものに変われば権力制限が弱まることは避けられない。ここに民主政治が独裁に転換する危機が生まれる。

＊

問題は、権力集中を受け入れるばかりか積極的に支持する国民がいることだ。トランプは複数の刑事訴追と民事提訴を受けながらそれらの裁判を魔女狩りだと呼び、検察官や裁判官を名指しで非難している。戯画的なほど法の支配を無視する存在だが、そのトランプに投票する人は実在する。自由主義と法の支配を排除する政治指導者に付き従う国民が、ハーメルンの笛吹き男に従うように、自ら望んで自分たちの自由を放棄するのである。

トランプだけではない。ロシアのプーチン大統領は選挙で選ばれた。現在に近づくほど選挙は形骸化し、獄死したナワリヌイを筆頭にプーチンに対抗する候補は排除された。既に民主政治とは呼べないが、プーチンを支持するロシア国民は存在する。

イスラエルのネタニヤフ首相も選挙で選ばれた。国内の支持が弱まり、政権維持が難しくなったなかでガザ攻撃が展開された。ネタニヤフへの支持は低迷しているが、イスラエル軍への国民の支持は固い。

トルコのエルドアン大統領、ハンガリーのオルバン首相など、民主政治のなかから権力を集中した指導者は数多い。そこでは議会と司法による政治権力の規制、さらにマスメディアによる政治権力の監視が極度に制限された。インドのモディ政権、そして日本の安倍政権においても、マスメディアへの圧力が強められた。

自由主義を排除すれば民主主義は自滅する。「もしトラ」などと観測するだけでは状況追随に終わってしまう。政治権力の監視と法の支配がいまほど求められる時はない。

（2024年3月13日）

## どうすれば戦争を終わらせることができるか

ウクライナとガザの戦争が続いている。ロシアの侵攻に対するウクライナの反転攻勢は失敗に終わり、ウクライナ軍は激戦地アウジーイウカから撤退した。イスラエルのガザ攻撃ではパレスチナの犠牲者が2万9千人を超えたと発表され、エジプト国境のラファ攻撃が目前に迫っている。

周辺国は戦火の拡大を憂慮したが、戦闘地域はまだ広がっていない。ロシアとの戦争を恐れたのか、NATO諸国によるウクライナへの武器支援は立ち遅れ、ロシア軍による空爆拡大を許した。ガザに加えてレバノン南部でも戦闘が伝えられているが、イランもイスラエルとの戦争につながる攻撃は自制している。

戦闘地域は拡大しなくても、大量破壊と殺傷は続いている。対空兵器と砲弾の不足するウクライナ軍はロシア軍の進撃を阻止できなかった。ガザでは、イスラエルの攻撃を前に行き場を失ったパレスチナの人々が水も食糧も医療も手に入らない状況に置かれている。

＊

破壊された市街地の写真には、生命を奪われ、住む場所を追われた人々の姿が写っていない。人間の不在によって戦争の暴力を伝える画像を前にして、考えさせられる問いがある。暴力を終わらせるために何ができるのだろうか。

戦争を終わらせる条件は何か。素朴な問いだが、国際政治においてよく議論されるのは現在起こっている戦争の終結ではなく、将来の戦争を防ぐことだった。抑止力の強化による侵略防止も外交と緊張緩和による紛争の予防も、現在の戦争ではなく将来の戦争に注目した議論だ。

いったん戦争が起これば、終わらせることは難しい。戦争当事国の片方が勝利を収めるか、あるいはどう戦ったところで戦争に勝てない、戦争を止《や》めて和平合意を結ぶほうがまだましだと戦争当事国が思い知るまで、戦争が続くことになる。

では、戦争を放置するほかに選択はないのか。必ずしもそうではない。

私はウクライナについては、ロシアとウクライナとの停戦ではなく、ウクライナへの軍事・経済支援を強化し、侵攻したロシアを排除することが必要であると考える。他方ガザについては、イスラエルのラファ攻撃だけでなく、ガザ攻撃のすべてとヨルダン川西岸への入植の即時停止が必要だと考える。

一方では軍事支援、他方では即時停戦を求めるのだから矛盾しているように見える。だが、国家の防衛ではなく民間人、一般市民の生命を防衛するという視点から見れば、この選択に矛盾はない。

ロシアによるウクライナ侵攻は主権国家の領土に対する侵略であるとともに、軍人と文民を区別することなく、ロシア軍兵士の犠牲さえ顧慮せずに殺傷する、国際人道法に反する攻撃である。メリトポリでもアウジーイウカでも大量爆撃によって街が廃墟《はいきょ》にされてしまった。

＊

現状では2022年の侵攻開始時よりもロシアの支配地域が拡大した。この状況で停戦を求めるなら、ロシアの勢力拡大ばかりか一般市民に対する攻撃と強圧的支配を容認することになる。ここで必要なのはロシア政府の暴力への反撃であり、侵略者を排除する国際的連帯である。ウクライナへの軍事支援は国家主権の擁護であるとともに、ウクライナに住む一般市民の生命を守る選択である。

ではガザについてはどうか。イスラム組織ハマスのイスラエル攻撃は一般市民への無差別攻撃であり、まさに排除されるべき暴力である。だが、ネタニヤフ政権によるガザ攻撃は、ハマスの攻撃をはるかに上回る規模における一般市民への殺傷だ。国家主体ではないハマスは国際人道法の適用外だとかガザ攻撃がジェノサイドに該当するかなどという議論は国際法上の概念の問題に過ぎない。イスラエルのガザ攻撃は、文字通り直ちに、停止しなければならない。

現実の戦争は私の提案とは逆の状況にある。NATO諸国の国内ではウクライナにロシアとの停戦に応じることを求める声があがっており、米大統領選でトランプが勝ったならその声はさらに強まるだろう。イスラエルのガザ攻撃については誰が米国の大統領であってもイスラエル支援の継続が確実であり、それがハマスに囚《とら》われた人質の生命さえ顧みないネタニヤフ政権の武力行使を支えている。

起こってしまった戦争の終結は難しい。これまでの戦争でもアフガニスタン、イラク、そしてシリアで、民間人への無差別攻撃が放置された。だが、過去の誤りを繰り返してはならない。一般市民を犠牲とする戦争を一刻も早く変えなければならない。（2024年2月21日）

## 民主主義はよい統治を保証しない

戦争のゆくえを左右するのは各国の国内政治だ。世論が戦争に反対するからではない。戦争を厭《いと》わない指導者が選挙で選ばれるからである。

2024年は選挙の年である。既に終わった台湾総統選に続き、ロシアで大統領選挙、インドでは総選挙が予定され、翌25年が任期満了のイギリスと日本でも総選挙が実施される可能性がある。

なかでも国際政治への影響が大きいものが11月の米大統領選挙だ。1月23日のニューハンプシャー州予備選挙の直前にフロリダ州知事ロン・デサンティスが共和党候補者の指名競争から撤退し、ドナルド・トランプ前大統領に対抗する候補はニッキー・ヘイリー元国連大使ひとりとなった。まだ始まったばかりの予備選挙だが、共和党の大統領候補はトランプとなる公算が大きい。本選挙でトランプ候補がバイデン現大統領に勝つかどうかはわからない。それでも仮にトランプがまた大統領となれば、国際政治への影響は第1期政権を上回るものになるだろう。米国はウクライナとイスラエルへの軍事支援の中核だからだ。

＊

バイデン米大統領は西側同盟の結束によってロシアと中国に対抗しているが、前任者のトランプは同盟を軽視し、米国単独の行動による対外政策に終始した。在任中のトランプはNATO諸国に国防費増加を求める一方でロシアのプーチン政権と友好関係を保ち、ウクライナへの軍事援助を停止した。援助再開の条件としてウクライナ政府によるバイデン父子の捜査を求めたことが発覚したため、米下院はトランプ大統領に対する第1回の弾劾《だんがい》決議を行った。

トランプが再び大統領となれば米国がウクライナへの軍事支援を取りやめることは確実であり、米国がNATOを脱退する可能性さえ無視できない。米国のウクライナ軍事支援停止後もイギリスなどNATO諸国の多くはウクライナ支援を継続するだろうが、米国なしのウクライナ防衛は難しい。プーチン政権からみれば、トランプ第2期政権はウクライナ侵攻を勝利につなげる機会となる。

戦争が終わるのは望ましいという声もあるだろう。しかし、停戦がロシアによる占領地域の保持を認めるものであれば、侵略による領土の拡大を見過ごし、国際法を度外視した力の支配に屈することになってしまう。

ウクライナとは逆にトランプの支援が見込まれるのがイスラエルである。在任中のトランプはイスラエル首相ネタニヤフとの緊密な関係を保ち、米国大使館をテルアビブからエルサレムに移す一方、パレスチナを頭越しにするかのようにサウジアラビア・イスラエル・米国3国の連携強化を試みた。

＊

イスラム組織ハマスによるイスラエル攻撃と市民殺傷がどれほど酷《ひど》いものであったとしても、イスラエルによるガザ攻撃は自衛として認められる範囲をはるかに逸脱しており、パレスチナの死者は既に2万5千を超えたと伝えられている。戦争がエスカレートする懸念も高い。イエメンの反政府武装組織フーシによる紅海での商船襲撃や米英両国によるフーシへのミサイル攻撃、さらにシリアのダマスカスに対するイスラエルの攻撃は紛争が拡大する可能性を示している。

ガザに住む人々の生命とハマスが奪った人質の生命、さらに中東地域に戦争が波及する可能性を考えるならば、一刻も早い停戦と人質の解放を実現しなければならない。さらに、ウクライナ防衛への支援と異なって、米国のイスラエル支援に対する世界各国の支持は限られたものに過ぎない。米国がイスラエル支援を見直せばガザ攻撃の戦闘継続は難しくなる。だが、トランプが再び大統領となれば、イスラエル支援は強化される可能性が高いのである。

さらに、次期米大統領はトランプになるという見込みだけで戦争のゆくえが変わってしまう。プーチン政権はトランプ政権再来まで持ちこたえることができればウクライナでの勝利が期待できるのだから、停戦する必要はない。ネタニヤフ政権はトランプが大統領になれば現在以上の支援を期待できるのだから、バイデン政権の要求、例えばイスラエル・パレスチナにおける2国家の相互承認などに耳を貸す必要はない。トランプ再来への期待だけで戦争が長期化するのである。

民主主義はよい統治を保証しない。プーチンもネタニヤフも選挙によって選ばれながら法の支配を顧みない統治と無謀な軍事力行使を続けてきた。それらの武力行使を容認することによって、トランプの再来は法に制御されることのない力の支配をさらに広げてしまうだろう。

（2024年1月24日）

# Ⅱ　２０２３年

## ガザ攻撃の無法――サイード没後20年の光景

ガザ攻撃を中止しなければならない。

イスラエルのネタニヤフ政権はパレスチナ自治区ガザ地区住民に南部への移動を一方的に要求し、大規模な空爆を繰り返し、地上軍を投入した。２００万を超える住民は電力、水道、医薬品と食糧の供給を断たれ、ガザ当局の発表では死者が優に1万人を超え、国連関係者の死者も１０１人に上る。いま、ガザのシファ病院に集まった病人、子ども、避難民の生命が危険にさらされている。

ネタニヤフ政権は、ガザ攻撃はイスラム組織ハマスによる攻撃に対する自衛行動だと述べているが、賛成できない。ハマスが医療施設や教育施設に軍事拠点を設けているとするイスラエル政府の主張が仮に事実であるとしても、一般市民に対する移動の強制や民間人と民間施設に対する攻撃を正当化することはできない。

国際法は自衛権の行使を認めているが、その行使には制約がある。国際人道法は受けた攻撃に対する武力行使の規模に均衡性を求める均衡原則と、軍人・軍事施設への攻撃は認めても民間人・民間施設への攻撃は認めない区別原則の二つを基本としている。ガザ攻撃は自衛権行使として認められる行動範囲をはるかに超えており、戦争犯罪との批判を免れないものである。

*

10月7日のハマスによるイスラエル攻撃と民間人殺傷は2001年の米国同時多発テロ事件と対比された。テロ後の米国を中心とする多国籍軍のアフガニスタン侵攻は自衛権行使の範囲を超え、イラク侵攻はテロとの関係が不明確だったが、世界各国は米国による戦争を止めることができなかった。アフガニスタンとイラクへの侵攻は、多くの命を奪ったばかりか、侵攻後に過激派組織「イスラム国」（IS）の台頭を招き、米国自身の安全を脅かしてしまった。国際人道法に反する攻撃は不当なばかりか、攻め込んだ国の安全も奪ってしまう。

ネタニヤフ政権の進める戦争はアフガニスタンやイラク侵攻に匹敵する人道的危機を引き起こした。この戦争に反対することはユダヤ人への差別ではない。むしろ、この戦争はイスラエルとそれを支援する米国への批判を強め、反ユダヤ主義を世界的に拡大し、テロリズムを加速する危険がある。

なぜ米国はネタニヤフ政権を支持するのか。その説明としてユダヤ系米国人の政治的圧力、いわゆる「ユダヤロビー」の影響に注目する議論があるが、米国のイスラエル支援を「ユダヤロビー」に還元することはできない。イスラエルと米国の国民を一体とし、イスラエルへの攻撃を米国への攻撃と同視する考え方が、ユダヤ系米国人以外にも広く見られるからだ。

米国国内ではウクライナ支援や中国への対抗よりもイスラエル支援の優先順位が高い。米国のイスラエル支援は、ネタニヤフ政権のガザ攻撃、そしてヨルダン川西岸への入植と土地占拠拡大を容認する結果を招いている。

＊

ハマスもネタニヤフ政権も、相手を武力でねじ伏せることしか考えていない。イスラエルの安全のためにハマスの抹殺が必要だと見る人、逆にイスラエルがあるかぎりパレスチナの安全はないと考える人は、犠牲者の一方しか見ていない。

だが、パレスチナはハマスだけではなく、イスラエルもネタニヤフ政権だけではない。他者の排除を前提とした和平はあり得ない。ここで必要となるのは、ハマスの攻撃によるイスラエルの犠牲者もイスラエルの攻撃によるガザの犠牲者も、共に無法な暴力の犠牲者として見る視点である。

英国統治下のパレスチナに生まれ、米国で長く教鞭《きょうべん》をとった知識人エドワード・サイードは、『オリエンタリズム』で、欧米世界がそれ以外の世界を他者に押し込めた「東洋」という観念に批判を加えた。その後サイードは『パレスチナとは何か』などの著作でパレスチナの将来を模索し続けたが、彼の見た1993年のオスロ合意は和平とほど遠いものだった。サイードが求めたのはイスラエルとパレスチナという二つの国家ではなく、ユダヤ人もパレスチナ人も互いに相手の存在を認めるひとつの国家をつくることだった。他者の排除を克服する構想である。

サイードが亡くなって20年、パレスチナの情勢はさらに厳しい。パレスチナ人とユダヤ人の共存どころか、二つの国家の相互承認に向けたオスロ合意も空文になってしまった。

ネタニヤフ政権はガザ攻撃を中止し、米国はイスラエル政策を転換しなければならない。実現が難しいことはいうまでもない。だが、このままでは人道的危機が広がるばかりだ。ハマスの無法をもってガザ攻撃の無法を放置することがあってはならない。

（2023年11月15日）

## イスラエルとハマス——暴力が暴力を生み出す

イスラム組織ハマスによる10月7日の襲撃と殺戮《さつりく》の後、ハマスが拠点とするガザに対し、イスラエルのネタニヤフ政権は空爆を繰り返している。地上軍投入も時間の問題であると伝えられている。

関心はこの武力紛争がどこまで広がるのかに集まっている。すでにイスラエルはレバノンとの国境付近で同国のイスラム教シーア派組織ヒズボラと戦火を交え、ヨルダン川西岸での武力衝突も伝えられている。

イラン政府の指示によってハマスが襲撃したとする議論の根拠は示されていないが、イランがハマスに武器を供与してきたことはほぼ確実である。ヒズボラも、イランの支援を受けているだけに、イランとイスラエルの緊張がヒズボラが南部を実効支配するレバノン、そしてシリアに拡大し、さらにイランとイスラエルとの直接の戦争にエスカレートする危険もある。イランがロシアに武器を供与していることも考えるなら、さらに紛争が拡大する可能性も無視できない。

武力紛争がエスカレートする危険に目が向かうのは当然だろう。だが将来を考える前に、目を向けたい二つの暴力がある。

＊

まず、10月7日のハマスの攻撃によって数多くの人が殺され、人質をとるかのようにガザに連れ去られた。音楽イベントで殺された人々を始め、犠牲者のほとんどは兵士ではなく一般市民である。武力紛争の予測をする前に、いわれのない暴力によって奪われた人々の命に目を向けなければならない。

そしていま、ガザの人々が殺されている。既にイスラエルによって外界との接触を断たれてきたガザは、ハマスの侵攻後、電力・食糧・水の供給を断たれ、繰り返し大規模な空爆にさらされ、南部への移動を強要された。人道的災害と呼ぶほかはない極限的な暴力の行使である。

片方だけの犠牲者に関心を向け、ハマスの攻撃による犠牲者とイスラエルのネタニヤフ政権によるガザ攻撃の犠牲者のどちらかだけを考えるなら、犠牲を強いた相手に対する暴力に与《くみ》する危険がある。

ハマスの無差別殺戮だけを見るなら、ガザ攻撃、ヒズボラ、さらにイランへの攻撃さえ自衛権の行使として正しい選択として映るだろう。ガザの犠牲者だけを見るならば、ユダヤ人に対する無差別テロを容認することになりかねない。どちらの選択も紛争の拡大と犠牲しか招かない。

ハマスはイスラエル国家の存在を否定し、イスラエルを倒すための武力行使を訴えてきた。これまでにない数の人々を殺害した今回の無差別攻撃が成果とされ、力によってイスラエルを打倒できるという破滅的に誤った観念が生まれる可能性がある。

イスラエル政府が自衛権行使として武力によるハマスの排除を進めることは、その限りでは正しい。21世紀の初めにテロを引き起こしたアルカイダやいわゆるイスラム国などによるグローバルテロは力を失ってきたが、ハマスの攻撃をきっかけとしてグローバルテロが復活する危険も見逃せない。

しかし、いまのイスラエルのネタニヤフ政権によるガザ爆撃と移動の強要は、ガザに住む人々の生活を破壊し、生命を奪う人道的災害である。軍人と民間人、軍事目標と民間施設の区別を度外視した武力行使は、国際法に違反するばかりか、紛争の犠牲と規模を拡大する危険がある。これは自衛権の行使をはるかに逸脱しており、決して認めてはならない選択である。

＊

およそ30年前の1993年9月、オスロ合意によってイスラエルとパレスチナが互いに相手の存在を認める枠組みが示された。だがイスラエル側にもパレスチナ側にも反発は強く、どちらの側でも相手を力で倒すことを辞さない急進派が台頭した。ガザの権力を掌握したハマスはイスラエルへの攻撃を繰り返し、ネタニヤフ政権はオスロ合意を無視するかのようにパレスチナ自治政府から自治を奪い、ヨルダン川西岸へのユダヤ人入植を進めた。

力による相手の排除は、不当なばかりか、自らの安全を損なう選択である。ハマスによるイスラエル国家の否定と無差別虐殺はパレスチナの人々から安全を奪ってしまった。ガザ、さらにヨルダン川西岸の一般住民を犠牲とすることを厭《いと》わない攻撃は、パレスチナ人の悲嘆と憎悪を高め、国際的にはイスラエルを孤立させ、イスラエルの安全を損なう結果に終わるだろう。

いま必要なのはハマスの暴力に対抗する国際的連帯と、ネタニヤフ政権の展開する人道的災害の阻止の両方である。それはまた、イスラエルとパレスチナの国家の存立をお互いに認めあうオスロ合意の再確認に向けた、長く、苦しい道程でもあるだろう。

(2023年10月18日)

## 新冷戦のなかのグローバルサウス

世界は新しい冷戦の時代に入ったと指摘されて久しい。このコラムでも2018年12月に米中競合による新しい冷戦の可能性を論じ、22年2月にロシアがウクライナへ侵攻する直前には、この危機を契機として新しい冷戦が始まってしまったと書いた。

ウクライナ侵攻が始まって1年半が過ぎ、米国とその同盟国を一方の極、中国とロシアを他方の極とする国際政治の分断はさらに進んだ。東西対立の固定化は既に現実となった。

だが、過去が繰り返されるとは限らない。米ソ冷戦と比べるとき、現在の国際政治では二つの極の結束が弱いことがわかるからだ。

米ソ冷戦には三つのレベルがあった。第一は米ソ両国の対立であり、その軍事的表現が核兵器で相手を脅し合う核抑止体制である。第二に、米ソ両国はその政治的影響下に置かれる勢力圏を国外に築き、勢力圏の保持と拡大を競った。最後のレベルが各国の国内政治であり、米国、あるいはソ連の求める政策に従う体制を維持すべく、国内政治への干渉が続けられた。

二極体制などと呼ばれるように、米ソ冷戦下の国際政治は二つの国家を頂点とする覇権秩序であった。現在は、冷戦後に圧倒的な優位を得た米国の覇権が、中国とロシアの挑戦によって揺るがされている。さらに、ウクライナ侵攻は勢力圏の軍事的競合を招いた。米国を中心とする同盟が拡大・強化され、ロシアはベラルーシ、さらに北朝鮮との軍事連携を強めている。

＊

だが、米国の同盟国は世界的に限られているばかりか、NATO（北大西洋条約機構）諸国はもちろん日本や韓国についても、米国が各国の国内政治に介入する力は弱い。米ソ冷戦における西側同盟には共産圏に対抗する軍事秩序と米国主導の覇権秩序という両面があったが、現在の米国は冷戦期ほどには同盟国に政策や政治体制を強制する力を持ってはいない。

ロシアはベラルーシやカザフスタンなど5カ国との間で集団安全保障条約機構（CSTO）と呼ばれる軍事同盟を主導している。だがその結束は弱く、加盟国のひとつであるアルメニアは、9月11日から米国との軍事演習を開始した。ロシアがウクライナ侵攻への協力を期待できる同盟国はベラルーシ一国に留《とど》まっているのが現状であり、北朝鮮を加えても西側同盟に伍《ご》する力を持っていない。

中国は習近平《シーチンピン》国家主席の下で一帯一路に見られるようなユーラシア地域の連携を進めてきたが、共同防衛を期待できるほどの軍事的連携を築いた相手はまだ存在しない。また習近平体制の下で中ロ両国の軍事的連携が強化され、ウクライナ侵攻後に中ロ貿易が拡大したが、ウクライナ侵攻の軍事支援について中国は慎重な姿勢を崩していない。中ロ両国に一つの軍事ブロックとしての実体を見ることはできない。

このように、米ソ冷戦と異なり、現在の国際政治における同盟と勢力圏は、地域的に限定され、各国の結束も強固とは言えない。そのなかで、どちらの陣営にあるのか不明確な諸国に近づく競争が生まれた。米国に与するか、中国、ロシアに与するか明らかではない各国を取り込むべく、米国、中国、ロシアが競い合うのである。

＊

G7広島サミット（主要7カ国首脳会議）の課題の一つは、欧米を中心とするG7諸国・地域と、インド・ブラジルなどグローバルサウスの諸国との連携だった。他方、南アフリカで開催されたＢＲＩＣＳ（新興5カ国）サミットは、プーチン大統領は対面参加を見送ったものの、新興国がロシア・中国との連帯を示す場となった。

国際政治の周辺に追いやられてきたグローバルサウスが既存の国際秩序に異議申し立てを行う空間がこうして生まれる。だが、グローバルサウスはかつての非同盟諸国会議のように国際政治の第三極をつくるとは限らない。グローバルサウスのなかに主導権を求める競争が展開しているからだ。

9月9〜10日にインドで開催されたＧ20サミット（主要20カ国・地域首脳会議）では、習国家主席が欠席したこともあり、議長国インドがグローバルサウスを代弁するかのように会議を主導した。他方、9月15〜16日には、１９６４年に77の国連加盟国が結成した77カ国グループに中国を加えた首脳会議がキューバで開催された。名前は77カ国でも参加国が77よりはるかに多いこの会合によって、中国は新興国との結束を誇示した。

国際政治の東西への分断は米ソ冷戦と共通している。77カ国グループの声は第三世界の名の下で脱植民地化を求めた時代を想起させる。だが、分断は固定化しても陣営の結束は弱い。その流動性が新たな国際的不安定を招いてゆくだろう。

（２０２３年9月20日）

## 映画「オッペンハイマー」が描くもの

原爆を開発した中心人物のひとり、ロバート・オッペンハイマーを主人公とする映画がつくられた。同日に全米で公開された「バービー」と合わせて「バーベンハイマー」と呼ばれるなか、バービーとオッペンハイマーの背景にキノコ雲をあしらった画像がソーシャルメディアで流れ、核兵器のもたらす破壊への無知と無関心を示す画像として批判を浴びた。

ここには原爆投下に対する日米の認識の隔たりがある。

日本では広島・長崎への原爆投下が核戦争と結びついた時代の始まりとして恐れられたが、米国では原爆が投下されたために日本はポツダム宣言を受諾した、原爆が戦争を終わらせたという議論が行われてきた。

キノコ雲は核時代の始まりではなく戦争の終わり、侵略者日本を打ち負かした勝利の象徴だった。

1995年、米国のスミソニアン航空宇宙博物館は大規模な原爆展を企画したが、原爆投下を大量虐殺として描こうとしている、これでは歴史の書き換えだと退役軍人会などから批判を受け、事実上の中止を強いられた。原爆で戦争が終わったと信じる米国民は原爆投下を大量虐殺とする議論を受け入れることができなかった。

＊

戦争を終わらせたことで原爆投下が正当化できるわけではないが、原爆によって日本が降伏したという議論は正確ではない。ソ連の対日参戦が日本政府に打撃を与えたからだ。広島に原爆が投下された翌日にスターリンが48時間以内の対日参戦を決定したように、両者にはつながりがある。それでも日本指導部にポツダム宣言受諾を促した第一の引き金はソ連参戦だった。

映画「オッペンハイマー」はこの原稿を書いている時点ではまだ日本で公開されていないが、映画の原作とも言うべき同題の評伝は、ナチスドイツに先を越されぬよう原爆開発を進めたオッペンハイマーが自分たちのつくった兵器の破壊力に衝撃を受け、自分の手が血で汚れたとトルーマン大統領に訴える姿を描いている。

原爆投下後のオッペンハイマーは核兵器の全面的禁止を求め、水爆開発を拒み、それも一因となって国家機密へのアクセスを奪われた。この評伝でも原爆投下の美化や核兵器の容認は見られないが、原爆投下が第2次世界大戦を終結に導いたという解釈は見ることができる。

では戦争における必要悪として核兵器の使用を認めることができるのか。日本への原爆投下は戦時において容認される行動なのか。戦争を終わらせる手段であれば、一般市民の大量殺戮を許すことができるのか。私はそう考えることができない。

いま、核兵器に関する軍備管理協定は廃棄されるか、廃棄の危機に瀕《ひん》している。プーチン政権は繰り返し核使用の可能性に触れ、北朝鮮も核による先制攻撃に言及した。実戦で核兵器が使用されるリスクが飛躍的に高まった。

核の実戦使用を阻むために核兵器が必要だと考える人はいるだろう。核兵器の使用が非人道的だからこそ、核抑止、つまり核による反撃で核使用を阻む選択が合理化されてきた。防衛が目的だという意味づけによって核兵器を必要悪として受け入れるのである。

だが、抑止は破綻《はたん》する可能性を免れない。核で抑止すればロシアや中国が核兵器を使用しないという前提に立つ軍事戦略が緊張を激化し、実戦における核の使用を引き寄せる危険がある。

＊

スミソニアンの原爆展企画から28年が過ぎた。オバマ米大統領に続いてバイデン米大統領もG7首脳とともに広島を訪れ、原爆資料館（広島平和記念資料館）を見学した。G7サミットでは核軍縮に焦点を当てた文書、広島ビジョンも採択された。

しかし、核兵器のない世界を求める広島ビジョンも、現在の国際政治における核抑止は認めている。核兵器の先制不使用や非核兵器国への核兵器不使用、核軍備管理を再建する提案もこのビジョンには含まれていない。必要悪としての核兵器容認を克服する提案と評価することはできない。

では核抑止への依存を克服し、核使用のリスクを引き下げることはできるのか。それが7月に開催された核と国際政治の専門家が集まる国際会議、ひろしまラウンドテーブルの課題だった。その議長として私は核リスク削減・軍備管理復活・核抑止再考を軸とする議長声明を取りまとめた。議長声明は岸田文雄首相に、そしてウィーンで開催された核不拡散条約（NPT）再検討会議準備委員会に出席したNPT締約国に送られた。

核兵器は必要悪ではなく排除すべき悪であることを確認しなければならない。核兵器が再び使われ、数多くの人命が失われることは絶対にあってはならない。核の使用を阻む選択は、まだ残されている。

（2023年8月16日）

## パリ暴動に見る「もう一つの世界」

暴動直後のパリにいた。6月27日、パリ郊外でアルジェリア系の17歳の少年が警官に射殺され、反発した群衆がパリやマルセイユなどフランス各地で暴動を起こした。燃え上がる自動車や略奪された商店の映像が報道された。

暴動後の市街は平穏を取り戻していた。気がつくのは人出が少ないことくらい。それでも乗り合わせたタクシーの運転手の言葉が心に刺さった。

運転手は白人ではなかった。伝統を守る日本が好きだ、サムライはいい、そんな会話の向きを変えようとフランス生まれかと尋ねたところ、そうだ、パリ生まれだという。

家族はアルジェリアから来た。親は教育を受けていない。植民地支配下のアルジェリアでは初等以上の教育を受けることができなかったが、フランス生まれの自分は高等教育を受けた。イギリスの学校でも学んだ。

運転手の言葉は激しくなった。テレビは本当のことを伝えていない、いまフランスで起こっていることは植民地支配によって教育を奪ってきた当然の結果だ。日本人ならそれがわかるだろう。早口になるほど車のスピードが上がるのが心配だった。

＊

フランス国家への怒りの表出として暴動を捉え、その背景として植民地支配の代償を考える。サムライ礼賛を別とすれば運転手の話は分析的だった。

だがその言葉を貫くのは分析よりも怒りの噴出だった。日本人ならわかるはずだという思いがあるようだった。

テレビは警官に射殺されたのが北アフリカ系の少年であると伝えながら、移民の暴動という形容を慎重に避けていた。これまでも繰り返されてきた警察の暴力への反発、そして貧困、失業、さらに人種差別が暴動の背景にあることも指摘されていた。

他方、暴動と略奪に対する批判は当然のように厳しい。移民を受け入れたから暴動が起こったのだと述べる政治家もいた。フランス国家の統合が失われたという現実認識はあっても、パリの運転手の訴える歴史的な不公正への怒りは共有されていなかった。

似た経験をしたことがある。ハリケーン・カトリーナに襲われた後の米ニューオーリンズ近郊で被災者から聞き取りをしたときだ。聞き取る相手はほとんどがアフリカ系、口が重い人が多いなか、人種問題について尋ねると、消火栓の口を開いたように言葉があふれ出した。ここでも日本人ならわかるだろうという人がいた。

被災後のニューオーリンズでは略奪が横行し、報道の焦点にもなった。背景に米国社会の貧困、格差、人種差別があることは伝えられても、社会から疎外され、周縁に追いやられたことへの日常化した絶望が報道で伝えられることは少なかった。

そこに覗《のぞ》いているのは、社会の多数派が共有する空間とは異なる「もう一つの世界」だった。マジョリティーは多民族多文化の統合を政治秩序の基礎として誇りながら、その影ではマイノリティーを力で抑えなければ犯罪と暴力に走る法と秩序を脅かす存在として捉えてきた。他方、マイノリティーは警官の発砲など、法と秩序の名の下に無法としか呼びようのない暴力を加えられてきたことへの怒りを抱え、その怒りを社会の周縁に追いやられた歴史と重ね合わせてきた。別の世界が一つの空間のなかに併存しているのである。

マイノリティーの怒りが知られることは少ない。だが、フランスでも米国でも、間欠泉のように抗議と暴動が噴き出してきた。

＊

警官による射殺がきっかけになった点で、パリの暴動は、米ミネアポリスで、アフリカ系のジョージ・フロイドが亡くなった後にわき起こったデモや抗議集会に似たところがある。違いがあるとすれば、フランスの方が暴力の規模が大きいことだ。

フランスの国際政治学者ドミニク・モイジの『「感情」の地政学』（2008年）は、恐怖、屈辱、希望という三つの感情の衝突から国際政治を考察し、同時多発テロ事件以後のテロと「対テロ戦争」の時代を捉えた。無力感と屈辱を共有する空間としてモイジが挙げたのはイスラム圏諸国だが、そのような空間は先進諸国の国外だけでなく、国内にも存在する。マイノリティーの共有する無力感と屈辱が抗議と暴動を引き起こし、その抵抗がマジョリティーの恐怖と力による抑圧を招く構図は、いわば国内政治における「感情」の地政学である。

反抗しなければマイノリティーは忘れられてしまう。反抗すれば力で押さえつけられ、その弾圧がマイノリティーの無力感と屈辱をさらに強化する。パリの暴動は先進諸国の影に隠された「もう一つの世界」の姿を示している。

（2023年7月19日）

## ポストリベラリズムの時代の始まり

ロシアのウクライナ侵攻から1年4カ月になる。この戦争は、そしてこれからの世界は、どのような方向に向かっているのだろうか。

ウクライナはロシアに反攻を開始したと伝えられている。その直前、ウクライナのゼレンスキー大統領は欧州歴訪に続いてG7広島サミットに加わり、ウクライナとの連帯を再確認させた。米国もこれまで拒んできたウクライナへの戦闘機提供を認めた。旧ソ連時代の兵器を中心とする戦争はNATO諸国の先端兵器による戦争に変わり、兵器が枯渇すればさらなる供給が期待できる。

しかし、ウクライナの反攻は始まったばかりだ。クラウゼビッツの言葉を借りるならそのゆくえは戦場の霧に覆われており、2022年2月の開戦時の状況までロシア軍を押し戻す展望は見えない。

また、米国はウクライナ軍の攻撃力が高まることでロシア本土への攻撃やロシアの核使用など戦争がエスカレートする危険を恐れている。ウクライナを盾にとってNATO諸国の安全を確保することには熱心でもロシアと直接の戦争は避けたい。戦闘機や長射程ミサイルの供与を拒んできた理由もそこにあった。ウクライナに提供する武器の高度化は進むだろうが、米国はロシア本土を攻撃する能力の提供を躊躇《ちゅうちょ》するだろう。

さらに、ウクライナと連帯する諸国はNATOを始めとした米国の同盟国が中心であり、中国はもちろん、南アフリカ、広島サミットに参加したインドやブラジルも、ウクライナ防衛より早期停戦に関心が高い。そのなかで中国が停戦案を提示し、また南アフリカなどのアフリカ諸国もウクライナ・ロシア双方に停戦を訴えた。食糧・エネルギーの供給不安からインフレに至る危機の認識がアフリカ諸国に共有される以上、当然の要請だろう。ウクライナもロシアも停戦案を受け入れていないが、全世界がウクライナを支援しているわけではない。

＊

ウクライナの反攻も停戦合意も時間を要するとすれば、戦争が続くほかにない。第2次世界大戦後の欧州で最大の戦争がなおも続く世界をどう捉えることができるのか。それはリベラリズムの支える世界の終わりと、ポストリベラリズムの時代の始まりではないかと私は考える。

21世紀の初めの世界では、各国政治の民主化によるリベラルデモクラシーの世界的拡大と貿易自由化を通した世界市場の統合が、理想ではなく現実として語られていた。米ソ冷戦終結によって東欧ばかりか旧ソ連も民主主義と資本主義に転換すると期待された。共産党支配の続く中国も独裁を支えるために世界市場への統合を進めた。米国の覇権を基礎として欧米諸国が主導するリベラルな国際秩序の時代だ。

21世紀の初めには当然と思われたようなこの秩序は20年で覆されてしまう。「対テロ戦争」という名のもとのアフガニスタン・イラク介入は欧米の力の優位ではなく、その限界を露呈した。世界金融危機以後の世界経済は貿易の主導する経済成長という構図を突き崩し、欧米諸国のなかでは自由貿易への批判が移民・難民排斥と結びついた右派ポピュリズムの主張となった。東欧、トルコ、インド、そして日本までナショナリズムの高揚とデモクラシーの後退が広がった。国内消費用のナショナリズムが世界に広がるなか、欧米追随のほかに選択がないと見られたロシアと中国は欧米諸国への対抗に転じた。民主主義と資本主義の普遍性に頼る世界は主権国家の権力闘争に回帰する。

リベラリズムの後退したポストリベラリズムの世界では、覇権国弱体化のなかで世界がいくつもの勢力圏に分かれてしまう。価値と制度を共有する欧米も勢力圏の一つに過ぎない。ナショナリズムを鼓舞する権力が国益を求めて厳しく向かい合う。国際関係は国際法や機構ではなく力の均衡、つまり各国が合従連衡を繰り返す空間となる。

＊

世界戦争が不可避だというわけではない。広島サミットではリスクの削減という名の下で、中国との対立が戦争の危機に至ることへの警戒が示された。ブリンケン米国務長官は中国を訪問し、習近平国家主席とも会談を行った。米中競合が思いがけない戦争に発展する事態を回避する、紛争にガードレールを設けるような外交である。

だが、ポストリベラリズムの世界が安定に向かう展望はない。米中の緊張緩和はほど遠く、戦争を続けるロシアとの間では核軍縮交渉再開のような紛争予防を実現する糸口も見えない。リベラリズムを過信した時代は終わった。権力政治の支配するこの世界では、紛争拡大を抑制する外交の機会を模索するほかに選択はない。

（2023年6月21日）

## 広島サミットを開く意味

主要7カ国首脳会議（G7サミット）が開かれる。被爆地広島で開催されるこの会議は、核軍縮と廃絶への道を開くだろうか。

核兵器をめぐる状況は悪化している。ロシアのプーチン政権は新戦略兵器削減条約（新START）から離脱すると宣言し、核兵器使用を示唆する威嚇的発言を繰り返した。中国は通常兵器に加えて核兵器でも軍拡を続け、北朝鮮はミサイル実験を繰り返している。核軍縮のための国際体制は弱まるばかりか、実戦で核兵器が使用される可能性も無視できない。だが、核軍縮体制の再構築は難しい。サミット参加国の多くにとって核軍縮の優先順位が高くないからだ。

G7諸国は民主主義と資本主義を共有する米国の同盟国である。広島サミットではインドやブラジルなどの新興経済圏諸国が招かれており、グローバルサウスへのアプローチは認められるが、ロシアと中国は招かれていない。西側諸国の集まりといってよい。

さらにG7過半数の4カ国はヨーロッパの国だ。ロシアのウクライナ侵攻が国家存立の危機であるために、これらの諸国では核軍縮よりもロシアへの抑止力保持が優先的な課題である。

NATO諸国はウクライナ支援によってロシアの脅威を抑えながらロシアとの直接の戦争は回避してきた。プーチン政権による核使用の恫喝《どうかつ》は、核に訴えることでNATOのウクライナ支援を押しとどめる方策だった。

＊

ウクライナがロシアへの反攻を準備しているいま、ＮＡＴＯ諸国では、長射程ミサイルや戦闘機など、ウクライナへの武器支援を拡大する動きが広がっている。ドイツや英国など欧州を歴訪したゼレンスキー大統領は新たな軍事支援を得ることになった。

ウクライナ支援を第一の目標とするとき、米ロ核軍縮交渉再開の優先順位は低い。核戦争へのエスカレートを恐れてウクライナ支援を手控えたなら、ウクライナを見捨てロシアを利する結果に終わりかねないからだ。

今回のサミットでは西側諸国の中国への対応も問われている。米国、さらに日本は、中国への脅威認識の共有に基づいた東アジアの同盟とＮＡＴＯの連携強化を模索するだろう。米国ばかりか英国や日本も、核抑止力は中国による将来の軍事行動を抑制する手段になると捉えている。通常兵器による抑止に加えて核抑止力が不可欠だという認識である。

日本外交は核廃絶を訴えながら核抑止力に依存する二重性を抱えてきた。岸田文雄首相は外相時代から核問題に取り組み、ＮＰＴ再検討会議にも関わって長い。だが、岸田政権の下で採用された新安全保障政策は安倍政権も含めてこれまでの日本政府では考えることのできなかった防衛力拡大を目指している。中国との緊張が拡大するなか中国を抑止する先頭に日本が立とうとしている。

＊

広島サミットではロシア、中国、北朝鮮、さらにイランの核政策が批判を受けるだろう。岸田首相がNPT再検討会議において提唱した核兵器不使用が合意される可能性も高い。だが、核兵器の不使用は核軍縮ではない。ロシアと中国に対する西側諸国の結束を第一に求めるなら、核のない世界どころか、核抑止に頼る必要性を確認するサミットになりかねない。

では、どうすべきか。ロシアの核兵器による脅しも中国の核軍拡も対抗措置を必要とする明白な脅威である。私はウクライナへの支援強化も、中国に対する通常兵器による抑止力の強化も必要だと考える。

だが、核軍縮は、ウクライナ支援や中国への抑止と矛盾しないどころか、同時に進めなければならない。戦争がエスカレートする危険がいまほど高い状況はないからだ。ウクライナの反攻が成果を上げ、ロシア本土への攻撃が広がるならロシアが核を使う可能性は飛躍的に上昇する。抑止力を保持しつつエスカレーションを回避するには核戦力の削減が不可欠なのである。

ロシアとの核軍縮交渉の再開は難しく、中国を核軍縮の枠組みに誘い込むことはさらに困難である。だが、抑止は常に破綻《はたん》する危険を伴う以上、核軍縮の枠組みがなければ核戦争勃発の危険は避けられない。核の不使用と核不拡散に加えて現在の核保有国が核兵器削減のプロセスを開始しない限り、このリスクを下げることはできない。

広島サミットでは参加した首脳による広島平和記念資料館の訪問が予定されている。核兵器が使われた場合に何が起こるのか、その犠牲に目を向けることが核軍縮と核廃絶の出発点である。いま必要なのは核抑止への過信ではなく、核抑止に頼らない平和を実現するための選択である。

（2023年5月17日）

## グローバルサウスの異議申し立て

広島でのG7サミットに先だって催された外相会合は、グローバルサウスへの関与を強める方針を確認した。ロシアや中国による非西欧諸国への接近に対抗する選択であるが、このグローバルサウスとは何を意味する言葉なのだろうか。

経済的に豊かな地域は北半球に、貧しい地域は南半球に多い。国際格差を捉えて南北問題という言葉も使われた。グローバルサウスのサウスは南北問題における南と重なっている。

だがグローバルサウスには、「発展途上国」や「第三世界」などと異なるニュアンスがある。そこには「豊かな北」が「貧しい南」に向かい合う選択と、その変化が覗いている。「発展途上国」は「豊かな北」が「貧しい南」を捉える概念だった。植民地支配から独立した後も経済的苦境にある諸国に対し、1960年代以後の先進諸国は、国内におけるケインズ主義的政策を国際経済へと広げるかのように、政府開発援助（ODA）の投入を進めた。そこでは国外から公的資金を移転することで経済が貧困から離陸（テイクオフ）することが期待されていた。

政治的な動機も働いていたことは否めない。東西冷戦のさなかにおける経済援助は、植民地から独立した諸国を西側陣営にとどめ、共産圏へと向かわないようにする手立てでもあった。

＊

発展途上国が市場における南北の結びつきを目指したとすれば、「第三世界」とは北からの自立を求める言葉だった。「南」の諸国は貧しいのではなく、「北」に富を奪われたために貧しくされてきたのではないか。この認識に基づいて、市場の開放や統合ではなく、国民経済の自立と国内市場の保護を模索する諸国が現れる。「第三世界」は、非同盟諸国会議、そして新国際経済秩序と結びついて用いられる、「貧しい南」の国際連帯のシンボルだった。

国際連帯の成果は乏しかった。中国やブラジルをはじめとする諸国の経済成長は国内市場の保護ではなく、経済開放と国際市場への統合によってもたらされたからだ。世界市場からの自立よりも市場への統合の方が経済発展には有効な政策だった。

だが、「北」から「南」への国際的な所得再分配の試みは後退する。冷戦期の開発援助に政治的な動機が働いていたとしても、公的資本移転による南北格差の縮小は模索されていたが、90年代以後、開発政策は経済開放と規制緩和を軸とした構造調整に転換し、援助よりも自助が求められた。政治哲学者のジョン・ロールズにならって言えば、南北関係における分配的正義の後退である。

21世紀に入っても南北の格差は縮まらなかった。「豊かな北」が「貧しい南」を放置するなかで使われるようになった言葉がグローバルサウスだった。

さらに、グローバルサウスには南の諸国を単なる客体ではなく国際秩序を担う主体として認めるべきだという意味も含まれている。発展途上国という概念は経済の遅れた地域という外からの視点を反映しており、その地域の各国は発展を促される客体ではあっても、国際秩序をつくる主体としての役割は認められていなかった。「貧しい南」を国際秩序の客体から主体に変えたいという願望がグローバルサウスという言葉にこめられていた。

＊

グローバルサウスをしきりに標榜《ひょうぼう》するのは新興経済圏として挙げられるブラジル、インド、中国、さらに南アフリカなどの諸国である。発展途上国からテイクオフしたはずの諸国が「南」を自認するのだから皮肉だが、「南」を客体に押しとどめてきた「北」に対する異議申し立てをここに見ることができるだろう。

ロシアと中国は「北」から取り残された「南」への影響力拡大を模索している。ウクライナ侵攻によって孤立し、主要先進国から圧力を加えられるロシアはもちろん、中国も一帯一路戦略から「三つの世界論」の復活に至るまで、西側優位の秩序に立ち向かう手段として「貧しい南」との関係を強化していった。

G7がグローバルサウスへの関与を強める背景にはロシア・中国との対抗がある。だが、グローバルサウスを中ロとの権力闘争の場にするだけでは分配的正義も社会的協働も達成できない。

ここに日本の果たすべき役割がある。日本は西側先進諸国と規範や制度を共有しつつ、アジア諸国の一つとして、東南アジアや南アジアなどの諸国との間に市場の論理とは独立した信頼関係を築いてきた。この信頼を生かし、「南」の諸国を主体として受け入れるとともに南北格差の是正に取り組み、世界規模における分配的正義と社会的協働の実現を図ること。G7サミット開催国としての日本の役割はそこにあると私は考える。

（2023年4月19日）

## 国連は無力なのか

イラクからウクライナまで、国連が阻止できなかった戦争は多い。

2003年3月20日、米英を中心とする有志連合がイラクに侵攻した。この侵攻は新たな国連安全保障理事会（安保理）の決議なしに行われた。

11年、アラブの春の中東で安保理はリビアに飛行禁止区域を設定する決議を行いながら、ロシア軍の基地があるシリアについては関与を控えた。リビアの場合も、安保理決議後のNATOの軍事介入が反発を招き、国連の紛争関与に消極的な政府が増えてしまった。

そして言うまでもなく、国連はロシアによるウクライナ侵攻を阻止できなかった。開戦後、国連総会は数回の非難決議を行ったが、安保理がロシアへの制裁を決議することはなかった。

国連は常任理事国として拒否権を持つ米国やロシアを主体とする戦争を抑える力が乏しい。常任理事国の関与する戦争は大規模なものが多いだけに、それらの戦争に手出しができなければ国際安全保障における国連の役割も小さなものにならざるを得ない。

＊

では、国連は無力なのか。まず確認しなければならないのは、安保理だけが国連ではないことだ。ポール・ケネディが『人類の議会』（古賀林幸訳）で論じたように、国連は機能によって違う顔を見せる組織である。安全保障理事会と平和維持活動の国連、発展途上国の経済発展を支援する国連、人権保障の世界的拡大を目指す国連、どれも異なる政策の領域である。地球環境の場合、国連は温暖化に立ち向かう国際連帯の中心となっている。

国連の取り組む多様な活動はSDGs（持続可能な開発目標）の掲げる17の目標にも示されている。飢餓の撲滅、質の高い教育、ジェンダーの平等、気候変動への対策、平和と公正など、SDGsの提示する課題は国連の活動と対応するものだ。

世界が共同して取り組むべき課題を提示し、各国政府と国内世論の関心を喚起する上で国連が果たしてきた役割は大きい。

とはいえ、数多くの役割のなかでも加盟国の領土保全と諸国民の安全の実現は国連の中心的な使命である。安保理は常任理事国が主体の戦争に立ち向かうすべを持たないことは国連の限界であるといわなければならない。

だが逆に、常任理事国が主体ではない武力紛争について見るならば、国連なしに平和を考えることはできない。米ソ冷戦の時代においても米ソの関与の乏しい紛争について国連は平和維持活動を展開し、冷戦終結後には平和維持の数も規模も拡大した。

常任理事国はその拒否権によって国連が関与する紛争の選択を左右してきたが、国連の紛争関与における主導権を握ってきたとは言えない。日本やドイツは平和維持活動の経済的、時には軍事的負担を担うことで、またインドやバングラデシュなどの諸国は軍事・警察要員を派遣することによって、常任理事国でないにもかかわらず、国連を中心とする紛争解決と平和維持に大きな影響力を持ってきた。

なかでも重要なのが安保理の非常任理事国に繰り返し選出されてきた日本である。現在日本は2023年から2年間の任期で非常任理事国に選ばれたばかりか23年1月には議長国を務め、議題として法の支配を提起した。

＊

国連による関与の焦点は長らくアフリカに置かれていた。安保理についての信頼できる情報を提供する米国のシンクタンク「セキュリティー・カウンシル・リポート」のウェブサイトは安保理の活動を詳細に紹介しているが、その圧倒的多数はアフリカ、次いで中東地域が対象である。そこに見えるのは、統治する力の弱い脆弱《ぜいじゃく》国家ないし破綻国家において、独裁政権や武装勢力による犠牲がさらに広がらないように努力する国連の姿だ。自衛隊も加わった南スーダン派遣団（UNMISS）もそのひとつである。これこそが、国際平和に対する国連の貢献だった。

だが、NATOのリビア介入以後、平和維持活動に対する世界各国のコミットメントが弱まり、平和維持活動の対象地域も規模も縮小を続け、平和構築どころか国連の活動継続が困難に直面している。なかでもマリの派遣団（MINUSMA）は数多くの軍事・警察要員が犠牲となり、継続が危ぶまれる状況にある。

米国、ロシア、あるいは中国の軍事介入ないしその可能性だけから国際政治を語るとき、世界の数多い地域における内戦や戦争が視野から漏れてしまうが、国連が活動を続けてきたのはそれらの地域における平和構築だった。国連中心主義を外交の柱とし、国連のシンクタンクである国連大学の本部も置かれている日本は、国連による平和の構築が後退しないよう、その地道な活動を支えなければならない。

（2023年3月15日）

## 「夢遊病者たち」と予期せぬ戦争

戦争にはならないだろう。仮に戦争が起こったところで大戦争には至らず、早く終わるに違いない。そのような期待を抱く各国が夢遊病者のように戦争に引き寄せられ、世界戦争に突入し、想像をはるかに超える犠牲と破壊を生み出してしまう。

歴史家のクリストファー・クラークが『夢遊病者たち』で描いた、第1次世界大戦開戦の過程である。

＊

昔のこととは思えない。ロシアのウクライナ侵攻から1年が経とうとしているが、東部戦線でロシアの攻撃が拡大し、NATO諸国が高性能兵器をウクライナに供給し始めた現在、戦争がNATOとロシアの直接の交戦へと発展する可能性は現実のものだ。

それでもウクライナ侵攻については既に戦争は始まり、それがエスカレートする危険も認識されている。またプーチン政権の行動はリスクを恐れずウクライナを武力で併合する試みであり、比較をするなら第1次大戦よりも第2次世界大戦の引き金となったドイツのポーランド侵攻の方が近い。

むしろ世界戦争の危険を考える上で問題なのは米中関係である。ウクライナにおける戦争の陰で経済的・軍事的対立が加速しているからだ。

既に米国ではトランプ政権が対中貿易関税の大幅引き上げなど中国への強硬策に走り、バイデン政権は同盟国との連携のもと、軍事・経済の両面で中国への対抗を開始した。クリントン政権以後の米国は中国との関係強化が西側諸国と中国の距離を小さくすると期待してきたが、このエンゲージメントポリシー（関与政策）を転換したのである。

国際政治における経済的リベラリズムは、国家の貿易への依存が高まるならばその国家が戦争に訴える可能性は減少すると考えてきた。戦争で貿易が止まれば経済が逼迫《ひっぱく》するからだ。エンゲージメントポリシーは経済的リベラリズムの反映だった。

では、貿易を拡大すれば戦争を防げるのか。歴史的には確証がない。第1次大戦直前の欧州で貿易が拡大していたことはよく知られている。

中国は世界貿易に大きく依存しているが、21世紀に入ると貿易拡大と強硬な対外政策を同時に展開してきた。貿易は紛争を防ぐ要因の一つではあるが、貿易だけでは国際緊張を阻むことができない。

さらに、経済を平和の手段ではなく、安全保障の手段として考えることもできる。経済的リベラリズムは、経済領域はゼロサムゲームを特徴とする安全保障と異なってゼロサムではなく、相手が利得を拡大しても自国の利得が減るわけではないという前提に立っている。だが、市場におけるシェアに注目すれば経済もゼロサムゲームの空間になる。軍事においても経済においても相手に対する優位を確保する闘争が展開する可能性がここに生まれる。

もし相手国が経済を軍事戦略の手段とし、政治・軍事を結びつけて対外政策を展開した場合、経済政策を安全保障政策の一環に統合し、軍事的対抗と経済的対抗を同時に進めることが合理的選択となる。ここでは経済が軍事対立を和らげる代わりに安全保障の領域が経済に広がるわけだ。経済的リベラリズムとは対極に立つ、経済の安全保障化である。

＊

現在の米中競合は経済の安全保障化に向かっている。鄧小平体制以後の中国は経済成長によって共産党政権を維持してきたが、習近平体制下では経済官僚の力が衰え、経済を政治の手段とする姿勢がこれまで以上に強まった。

他方米国では貿易自由化を基軸とする対外政策が弱まる一方、安全保障を目的とする貿易規制が拡大した。対中半導体輸出規制は自由貿易体制と逆行する選択であるが、米国の安全を図る目的から正当化された。

米国も中国もいま戦争を準備しているとはいえない。しかし、両国が経済政策を安全保障の手段とし、軍事・経済の両面で対抗を強めるなら、外交によって緊張を緩和する機会が狭まり、国家の対立が固定化することになる。

米国が大戦後に築いた秩序の中核には自由貿易があった。日本は軍事力ではなく経済によって大戦後の再建を実現し、鄧小平体制以後の中国は軍事力以上に貿易と経済成長によって大国となった。経済の安全保障化によって経済を軍事対立の延長にしてしまえば、国際政治を安定させる基礎的な条件が壊される結果となるだろう。

貿易は平和を保障しない。だが軍事的対抗と経済的対抗が結びつけば、平和を支える条件が失われる。『夢遊病者たち』の描いた第1次大戦開戦のように、予期しない戦争へと歩を進めることになりかねない。私はそれを恐れる。

（2023年2月15日）

## 新安保政策と中ロ関係

2023年5月に広島で開催が予定されるG7サミットに先立ち、岸田首相は日本の新しい安全保障政策を各国首脳に訴えた。

新安全保障政策の内容は先に策定された安全保障関連3文書に示されている。そこでは防衛費の上限をGDP（国内総生産）の2％に引き上げ、反撃能力（実質的に敵基地に対する攻撃能力）の保有も盛り込まれた。

これまで安全保障における日本の対米協力は政府の解釈によって制限を加えられてきた。岸田政権は従来の制限を弱め、NATO諸国と同様の軍事連携を模索している。基地に対する攻撃能力も防衛費GDP比2％という目安も、NATO加盟国では一般的なものだ。新安全保障政策は日米同盟のNATO化とも呼ぶべき防衛政策への転換である。

岸田首相は国内の合意形成よりも国際的アピールを優先した。英国では自衛隊と英国軍との共同演習の手続きなどを定める円滑化協定を結び、ワシントンではバイデン米大統領と共同声明で日米同盟の現代化を訴え、中国と北朝鮮の国名を明示してその脅威を日米共同で抑止する方針を示した。

＊

米国とその同盟国にとって新安全保障政策は望ましいものだ。バイデン米政権はロシアと中国の双方に対する同盟国の結集を求めてきたが、アジアで対米協力を第一に期待されたのが日本だった。また、NATOはロシアに対抗するためウクライナ支援に力を割かなければならないが、日本が防衛費を増額し同盟国との協力を広げるなら、ウクライナを盾にしてロシアからNATOを守りつつ、中国への抑止力も強化できる。バイデン政権が歓迎するのも当然だろう。

新安全保障政策は憲法解釈によって防衛協力の幅を限定してきた従来の政策を変えるものである。これでようやく日本が「普通の国」になったと歓迎する人はいるだろう。なし崩しに日本を戦争への道に追いやる危険を憂慮する人もいるだろう。

どう考えれば良いだろう。新安全保障政策の背景には北朝鮮と中国に対する軍事的懸念がある。私も、北朝鮮と中国が日本の安全を脅かす存在であり、国民の安全を確保するためには通常兵器による抑止力とその強化、そして日米の同盟を維持することが必要だという認識を共有する。

だが、ロシアと中国の脅威を同列に考えることは適切ではない。プーチン政権はその発足以来、軍事力の行使によって支配地域の安定と拡大を実現してきた。２０２２年のウクライナ侵攻はクリミア併合後のウクライナ東部進駐に引き続く政策の一環であり、明白な侵略戦争だ。実戦による対抗が現実に必要な状況である。

これに対し中国は、武力行使によって支配地域を拡大しているとは必ずしも言えない。兵器の生産と配備を拡大し、南沙・西沙諸島に軍事的拠点をつくり、香港をはじめとして支配地域に対する独裁的な権力行使を強化しているのは間違いない。台湾に侵攻する危険は現実のものだ。だがその侵攻は、まだ始まっていない。

＊

現在の世界は米国とその同盟国がロシア・中国・イラン・北朝鮮に向かい合い、東西の対立が固定化する情勢にある。そのなかでロシアがウクライナを侵略し、イランと北朝鮮がそれを非公式に支援しているとみられるが、中国は、ロシアとの貿易も軍事連携も続けているとはいえ、ウクライナ侵攻への直接的軍事支援にはまだ踏み切っていない。

ここで必要なのは、中国をロシア側に追いやるのではなく、ロシアから引き離すことだ。中国が台湾、あるいは他の地域に武力行使を行う可能性が高いだけに力による抑止は不可欠であるが、抑止と並んで外交の機会も模索する必要がある。

緊張緩和の手段は貿易体制の安定を通した軍事対立の相対化である。経済的相互依存が平和を保障するとは限らないが、外交の機会は提供する。バイデン政権は対中経済規制には熱心でも貿易政策については見るべきものがないからこそ日本は、経済の安定を基礎とした日中の信頼関係を構築し、紛争の予防に努めなければならない。

抑止力の強化だけで戦争を避けることはできない。しかし岸田政権の新安全保障政策は西側諸国との連携ばかりに目を向けており、外交による日中関係の緊張の打開を模索した形跡がない。これでは日中の緊張がさらに拡大することを覚悟しなければならない。

最悪事態を想定して軍事的対抗だけに走るなら、その選択が対立を加速し、現実に最悪事態をもたらす危険がある。そのような自己充足的予言を避けるためにも経済外交を通した中国との緊張緩和のための努力が求められる。

（2023年1月18日）

# Ⅲ　２０２２年

## 地域安全保障に拡大する日米同盟

岸田政権は、自衛隊の新たな装備と体制拡充を盛り込んだ3文書を閣議決定した。今後10年を想定した「国家安全保障戦略」を中心に、防衛計画の大綱と中期防衛力整備計画と呼ばれてきた文書を改定した「国家防衛戦略」と「防衛力整備計画」を置く構成だ。

3文書は、日本の安保政策を転換するものだ。防衛費増額は防衛関連予算の目安であった国内総生産1%を2%に倍増する規模である。自衛隊の装備では反撃能力の名の下にミサイル基地を「たたく」、つまり攻撃する手段を持つ方針に転じた。国産ミサイルの射程延長と米国製巡航ミサイル、トマホーク購入も計画されている。

反発が生まれた。基地攻撃能力は専守防衛の骨抜きではないかと懸念され、防衛力整備財源の多くを増税に頼る点にも批判が集まった。

私は、やや異なる角度から考えてみたい。今回の安全保障戦略は抑止力強化を目的に掲げているが、その役に立つのか、戦争を防ぐことはできるのかという問題である。

＊

日本を取り巻く安全保障環境は厳しい。中国は通常兵器と核兵器の両方で軍拡を進め、北朝鮮はミサイル発射を繰り返している。中国、北朝鮮、あるいはロシアによる攻撃を未然に阻止する抑止力の強化は確かに必要だ。

では長射程ミサイル保有が抑止力を強化するのか。日本単独で攻撃の抑止を試みるなら、その効果は限られている。どれほど日本がトマホークを購入しても既に大量のミサイルを保有する中国とのギャップは著しい。日本のミサイルのために北朝鮮が攻撃を思いとどまるとも考えにくい。

だが、日本だけを取り出して抑止力を考える意味は少ない。海上自衛隊の演習を見ればわかるように、自衛隊は米軍との共同行動を想定している。日本の戦力は、米国とその同盟国の持つ抑止力の一環として考えなければならない。

既に米国と中国との競合はテクノロジーから軍事まで全面的な対抗に至り、中国脅威論は米国に加えてその同盟国に共有されている。米国と同盟国の軍事力を合算すれば現時点では依然として中国に勝っているが、その差は縮小している。

バイデン政権は、同盟国との連携のもとで対中抑止力の強化を進めている。先だって国防権限法によって米議会の認めた国防戦略は攻撃に対する台湾の持久力を支援することを明記し、インド太平洋軍司令官の権限を拡充する一方、同盟国との連携の強化を求めている。軍事力拡大を進める中国に米国の同盟国が結束して立ち向かう構図である。

ここで拡大抑止の実効性が課題となる。有事において米国が日本を守るのか。逆に、日本が米国の戦争に巻き込まれても良いのか。同盟と抑止力のつながりは繰り返し問われてきた。拡大抑止は核抑止力を含むがそれだけではない。通常兵器による攻撃を核によって抑止する効果は限られているだけに、米国は核に加えて通常兵器による対中抑止力強化を模索し、同盟国の協力を求めてきた。

またNATO（北大西洋条約機構）と比べるなら、アジア太平洋地域の安全保障は米国との二国間の同盟の束にとどまり、地域の連携は乏しかった。さらに日本は米国と同盟を結びながら、専守防衛に基づき日米協力の範囲に限定を加えてきた。

＊

今回の3文書は日本単独ではなく、米国とその同盟国と連携した抑止力強化の試みとして捉えられる。陸海空の自衛隊と米軍との調整を行う常設統合司令部を創設する構想も米軍との連携強化を進める一歩である。

これは、いわば日米同盟のNATO化である。専守防衛に基づいて制限してきた日米協力の範囲を広げ、有事における自衛隊と米軍の連携を強め、日米防衛協力をNATOにおける同盟国の連携に近づける構想だ。

だが、中国や北朝鮮は以前から自衛隊の戦力を米国、オーストラリアや韓国など米国の同盟国のそれと一体のものと捉えてきた。日本が戦力を増強しても両国の行動が変わることは期待できないが、西側に対する脅威認識は拡大する。その結果は米ソ冷戦の時代のような軍事緊張の恒常化である。

侵略に対する抑止は必要であるが、抑止に頼る対外政策は戦争の危険を高めるリスクがある。このジレンマがあるからこそ、抑止戦略と並んで外交による緊張緩和の可能性を模索しなければならない。

外交によって中国や北朝鮮との緊張を打開することは極度に難しい。だが、岸田政権には外交の機会を模索した跡が見られない。抑止力強化に積極的な政権の、そこが危うい。

（2022年12月21日）

## アミニの死とイラン女性の反抗

イラン国民、特に女性の勇気が示されている。

9月13日、22歳の女性マフサ・アミニがテヘランを訪れていたところ、ヘッドスカーフ（ヒジャブ）の着けかたが不適切だとの理由により、服装の戒律違反を取り締まる道徳警察に逮捕され、亡くなった。警察は心臓発作による死亡であると発表したが、警官の加えた暴力によって死亡した疑いが強かった。

アミニの故郷サッゲズで、アミニの死に抗議し、連帯のために自分のかぶったヒジャブを脱ぎ捨てる運動が始まった。運動は直ちにテヘラン、イラン各地、そしてイランの女性と連帯する世界各地に広がった。男性も少なくはないが、その中心はまだ若い少女を含む女性である。集まった人々は女性、生命、自由をスローガンとして繰り返し、さらに「独裁者に死を」と呼びかけた。

政府は極度の弾圧を加えた。インターネットを遮断しつつ力でデモ隊を追い払い、暴力を加え、逮捕する。情報が限られているが、人権ＮＧＯのひとつは政府の弾圧で少なくとも326人が亡くなったと伝えている。

＊

アミニの死から既に2カ月が経ち、報道で取り上げられることも減った。しかし、反抗は続いている。反対したら弾圧される、いや、殺される可能性が高いにもかかわらず、イランの国民は街頭に出て、抗議行動を繰り返しているのである。ミャンマーの軍事政権など、反政府運動に仮借なき弾圧を加える政府は珍しくはなくなってしまったが、それでも死を賭して運動に加わる人々の持続力と勇気には驚かされる。

　イスラム教の厳格な解釈と適用のためにイランの女性が迫害されていることは広く知られている。パーレビ国王の支配が革命で倒された後のイランには神権政治とも呼ぶべき体制が生まれた。

　対外関係ではイスラエルだけでなくサウジアラビアとも対立を続け、シリアとイエメンの内戦に介入し、さらにウクライナに侵攻したロシアに無人兵器ドローンを提供する。新聞やテレビの中に現れるイランは、国内では独裁を続け国外には戦争を厭《いと》わないという、国際秩序の安定を揺るがす存在だ。

　ただ、外側から見るだけでは、イランに住む人たちの姿は見えてこない。

　だが、映画を手がかりにすることで、その社会に生きる人の姿を垣間見る機会を得ることができる。イランの反政府運動を前にして私が考えていたのはこれまでに見てきたイランの映画、特にジャファル・パナヒ監督のことだった。弾圧に屈することなくイランの女性の姿を伝え続けてきたからだ。

　「白い風船」によって世界的な映画監督という名声を得たパナヒは、「チャドルと生きる」において女性がイランに生きる難しさを描いた。超音波診断では男の子のはずだったのに生まれたのが女の子だった、これでは娘が離縁されてしまうと嘆く出産女性の母から、娘を街角に捨ててしまう母親に至るまで、映画を観《み》た人は女性の苦しみを自分が経験したかのように共有するだろう。

＊

パナヒは間違っても政治的なメッセージを第一に訴える政治的な監督ではない。「オフサイド・ガールズ」ではサッカーのワールドカップ出場のかかった試合を見るため、男のふりをして会場に向かう女性が登場するが、その女性たちはサッカーの試合を見たいだけで、特に反政府運動に加わっているわけではない。

だが、自由を奪われた社会を表現すれば政治的メッセージを伴うとみなされることは避けられない。イラン政府はパナヒの活動を弾圧した。作品の国内上映を禁止した上、イラン国外への渡航も禁止、さらに映画制作までも禁止してしまう。

それでもパナヒは映画づくりをやめなかった。「これは映画ではない」と題されながら映画としか呼びようのない作品、パナヒ本人が運転手を務める乗り合いタクシーをそのまま映像に撮ったという仕立ての「人生タクシー」、さらに革命後に映画女優として活動する機会を奪われた女性が影のように登場する「ある女優の不在」など、禁じられたはずの映画制作を続けたのである。

変革の希望が遠のいたためか、近作になるに従って声が弱まった印象はある。パナヒ監督もいまは収監され、映画表現の機会は奪われてしまった。情勢は厳しい。

それでも異議申し立ての声は続くだろう。専制支配に抗する女性が何を考えて行動しているのか、外から知ることは難しい。

パナヒの作品に登場する女性たちは権力を前に泣き寝入りするのではなく、声を上げ続ける人たちだ。その表現を手がかりとしてイランの女性が直面する困難を知る意義は大きい。

（2022年11月16日）

## 独裁を強める中国共産党

中国共産党大会が始まった。習近平《シーチンピン》国家主席の演説に関する報道は、台湾に対する武力行使を辞さないという発言に焦点を置いていた。

中国による台湾侵攻はあってはならないから正当な報道なのだろう。中国の軍事行動を憂慮するのも日本だけではない。先にバイデン米政権の発表した国家安全保障戦略も中国との戦略的競合に重点を置いていた。

だが、3期目の国家主席就任が確実視される習近平が自画自賛としか呼びようのない演説を続け、会場を満たした参加者がそれを聞く光景を前に私が考えていたのは、武力行使のことではなかった。思い出していたのは、奴隷状態に置かれた市民における全員一致について、ジャン＝ジャック・ルソーが書いた一節だった。

ルソーは『社会契約論』第四編において、「市民たちには自由も意志もない場合」は「恐れとへつらいが、投票を喝采に変えてしま」い、「もはや議論は行われず、崇拝するか、呪うかのどちらか」になってしまうと書いた（中山元訳）。テレビに映った中国共産党大会の姿は、まさに「恐れとへつらいが、投票を喝采に変え」た空間に他ならなかった。

＊

習近平政権の10年は中国国民に共産党と習近平への忠誠を強制する時代だった。新疆ウイグル自治区における強制収容と国家安全法によって限られた自治も奪われた香港はその端的な例であるが、それだけではない。

共産党の独裁も忠誠の強制も今に始まったことではないが、胡錦濤《フーチンタオ》の時代までは、政府からやや距離を取る言論は存在した。党の統制をかいくぐるかのようにインターネットに書き込まれる政治批判もあった。強権支配ではあるとしても文化大革命の時代とは違うなどという言葉が、将来は抑圧が弱まるのではないかという希望を込めて語られる時代があった。習近平はそんな希望、あるいは希望的観測を一掃した。中国経済が発展すると、それと逆行するかのように政治的閉塞《へいそく》が進行し、文化大革命の時代を想起するような政治的動員が復活した。中国国民は崇拝か呪いの二者択一を迫られてしまった。

中国による武力行使、特に台湾侵攻の可能性に中国国外の注目が集まるのは当然だ。ペロシ米下院議長の台湾訪問後に台湾を取り囲むように中国軍が大規模な軍事演習を行ったことは記憶に新しい。

だが、台湾侵攻は米軍との武力衝突を招く公算が大きい。ロシアのウクライナ侵攻のような自滅的選択に踏み切る政府がある以上その可能性は無視できない。しかし逆に、中国政府が台湾侵攻のような武力行使を行わない限り、どれほど中国の人権侵害への批判が高まろうとも、共産党支配を突き崩すような介入が中国国外から加えられる可能性は少ない。

＊

ロシアではプーチン政権による政治弾圧ばかりかウクライナ侵攻も２０１４年から続いていたが、22年のウクライナ侵攻までの国際的圧力は弱かった。ウクライナを侵攻しなければプーチン政権が現在見られる国際的連帯と圧力にさらされることはなかった。

敗戦は政府の倒れる機会でもある。日本の軍国主義は第２次世界大戦の敗戦によって倒された。より自由な政治体制へのゆるやかな変化の見られた日本でも、昭和10年前後には政党政治の崩壊と独裁の進行が既に明確であった。その軍国主義体制に代わる政治体制は、日本国内の政治運動ではなく、敗戦と連合国による占領によってもたらされた。

敗色が濃くなったとはいえプーチン政権はまだ倒れてはいないが、開戦前に比べるなら政治的不安定が広がっている。勝ち目のない戦争に国民を道連れにすることで、プーチン政権崩壊さえ、可能性としては無視できなくなった。中国が大規模な武力行使を行えばウクライナ侵攻後のロシアに優に匹敵する国際的圧力に直面することは避けられない。当初は国内から支持されたとしても、台湾侵攻は共産党政権の終わりの始まりになるだろう。

では、戦争さえしなければ中国共産党の独裁が続くのだろうか。やはりそう決めつけるのは、誤りだろう。現代中国の矛盾は、市場経済を認めながら政治的自由を排除している点にある。どれほど盤石に見えたとしても強権支配の矛盾が表面化することは避けられない。

豊かさのために自由を犠牲にする必要はない。経済成長の果実を手にした中国国民にとって、共産党は国民の意志を体現する存在ではなく、恐れとへつらいを強要する過去の遺物に過ぎない。習近平政権が権力の集中を進めれば進めるほど、共産党独裁ではない中国への期待が高まることになるだろう。

（2022年10月19日）

## プーチンが招くユーラシア地域の不安定

田中角栄首相が中国を訪問した1972年9月から50年が経とうとしている。半世紀前のキーワードは、日中友好だった。当時の日本は、経済協力を中心とした中国との関係改善に力を注いだ。中国が西側諸国に対抗する軍事力を持たず、日本経済が中国より力のある時代には合理的な政策だった。

だが21世紀に入って米国と競合する世界大国になると、中国は西側諸国との協力ではなく、対立を辞さずにその「核心的利益」の実現を求める政策に転換する。国内では香港自治の破壊や新疆ウイグル自治区での強制収容など、独裁がさらに強化された。

経済的に中国に追い越され、軍事的には領土領海への脅威を前にした日本は、中国を含む国際貿易体制の維持を前提としつつ、米国との同盟を強化して中国の軍事的圧力に抗する姿勢に向かう。トランプ政権における対中政策の転換、さらにバイデン政権下の同盟強化による中国への対抗も日本政府に支持された。

日中復交の半世紀は日本の主導する日中友好に始まり、大国となった中国を脅威とする認識で終わった。友好から対抗への変化である。

＊

安全保障の焦点は台湾だ。これまでも中国が武力によって台湾を併合する可能性は憂慮されてきたが、ロシアがウクライナに侵攻することでその懸念がさらに高まった。ペロシ米下院議長の台湾訪問に対して中国軍が軍事演習を展開した後、情勢は緊張を増している。

では近い将来に中国は台湾に侵攻するのだろうか。私は必ずしもそう考えない。電撃戦による台湾制圧を試みたなら米中戦争に発展する可能性が高いからだ。バイデン米大統領は「一つの中国」原則を放棄するかのような発言を繰り返してきたが、それらの発言は中国が台湾を攻めるなら米軍が介入する可能性を示している。ロシアのウクライナ侵攻によって中国の台湾政策が変わったと考える根拠はないが、台湾侵攻が中国にとってリスクの高い選択であるという事情は変わらない。

米ソ冷戦の時代、東西ドイツ国境は東西対立の焦点だったが、武力行使に訴えたなら米ソ戦争に発展する可能性が高く、結果としては東西の武力行使は抑止された。台湾も、近い将来の戦争勃発よりも、中国と西側同盟諸国との長期的な対立の焦点になる可能性の方が高いと考えられる。

＊

むしろ問題はウクライナ侵攻の影響だ。勝ち目のない戦争をやめようとしないロシアがこれから軍事的・政治的に弱体化してゆくことは避けられない。ロシアの影響力によって旧ソ連地域の紛争が抑え込まれてきただけに、ロシアの弱体化は旧ソ連諸国を始めとしたユーラシア地域全体の不安定を引き起こす可能性がある。

ユーラシア地域を網羅する安全保障枠組みに上海協力機構（ＳＣＯ）がある。その首脳会議に出席したプーチン大統領は習近平国家主席と首脳会談を行ったものの、中国からウクライナ侵攻への支持を引き出すことはできなかった。経済制裁下のロシアは中国に原油を売らざるを得ないが、弱体化するロシアにどこまで肩入れをするのか、主導権を握るのは中国である。これだけを見ればウクライナ侵攻が中国台頭をさらに強めたようにも見える。

だが、ロシアの後退とともに旧ソ連諸国では紛争が拡大している。アゼルバイジャンはアルメニアへの攻撃を再開し、タジキスタンもキルギスに攻撃を加えた。どれもウクライナ侵攻以前から存在した紛争であるが、ウクライナ侵攻によってロシアの影響力が後退したことを機会に戦火が再燃したと考えてよい。

ＳＣＯの原型である首脳会議（上海ファイブ）が96年に始まった背景には、米ソ冷戦後における地域の不安定な政情があった。中国がタジキスタンと国境を接していることはいうまでもない。アフガニスタンやパキスタンなどただでさえ政情不安定な諸国を抱えるユーラシア地域がさらに不安定となれば、中国が地域の不安定に引きずり込まれる可能性が生まれる。

ＳＣＯ首脳会議は多極的世界秩序の構築を共同宣言で訴えて閉幕した。アメリカ主導の世界秩序に対抗するかのような宣言であるが、会議の直前にキルギスとタジキスタンの紛争が再燃することで、ＳＣＯが紛争解決において持つ限界を露呈した。

日中復交から50年を経て、ロシアに対する優位を獲得し、アメリカと競合する力を持つ中国は大国となった。チェスでも指すように他の大国との関係を思い巡らすこともできるだろう。しかし、現実の戦争は思いがけない周辺部から始まってしまうことが多い。プーチン政権の始めた戦争が招いたユーラシア地域の不安定に中国は向かい合わざるを得ない。

（２０２２年9月21日）

## ウクライナ侵攻半年――戦争長期化へ

ロシアがウクライナに侵攻してから半年になる。戦闘地域は限られ、世界戦争にはエスカレートしていない。だが、この戦争が招いた国際政治の危機は深刻だ。ロシアとＮＡＴＯの加盟国を始めとした世界各国との消耗戦に発展したからだ。

戦線は膠着《こうちゃく》している。東部では緒戦の敗退から態勢を立て直したロシア軍が勢力を拡大したが、7月以後は戦果が乏しい。南部戦線ではウクライナ軍に勢いがあるが、ロシアの制圧したヘルソンの奪回には至っていない。

攻め込んだロシア軍にとって開戦時よりも支配地域を広げることができなければ侵攻の失敗であり、侵攻を決断したプーチン政権の正当性が問われかねない。攻め込まれたウクライナは、少なくとも2月24日の侵攻開始時点までロシア軍を押し戻すことができなければ防衛の失敗だ。

侵略した国家が領土の拡大に成功すれば、ウクライナばかりでなく世界各国にとっても国際秩序の安定が失われる。ＮＡＴＯ諸国にとってロシアとの直接の戦闘への拡大は避けなければならない事態だが、ウクライナを防衛できなければロシアがポーランドなどＮＡＴＯ諸国を侵略する危険が生まれるだけに、ウクライナへの支援継続はＮＡＴＯ諸国の安全確保のためにも必要となる。

＊

ここから生まれるのはロシアとウクライナの戦闘と、ＮＡＴＯ諸国を中心としたウクライナへの軍事経済支援が長期にわたって続く状況だ。

戦争の長期化は甚大な犠牲を伴い、交戦勢力の戦闘能力が低下することが避けられない。ロシア軍は武器と人員の両方で優位に立つとはいえ、短期の戦闘による勝利を期待した作戦だけに、大規模な戦闘を長期にわたって展開する準備はなく、既に膨大な兵士と武器を失った。ウクライナ軍はNATO諸国から武器を供給されているが、兵力の消耗は著しいと考えなければならない。ロシア軍が制圧した中南部ザポリージャ原発付近への砲撃が核惨事を招く危険など、戦闘がさらに大きな犠牲を招く可能性も高い。

戦争の犠牲は拡大しているが、戦争終結の展望は見えない。まず、国土と国民を侵略者から防衛するという目標を政府も国民も共有するウクライナ側が戦闘を継続する意思が固いのは自明だろう。ロシア軍の、文民施設すら攻撃対象にした焦土作戦とも言うべき殺戮《さつりく》、戦時捕虜の虐待や非戦闘員の強制移動は、ウクライナ国民の厭戦《えんせん》感情を高めるどころかその結束を強めている。

さらにこの戦争の奇怪な特徴は、ロシア軍も交戦意思がまだ固いことだ。その理由は、戦争の長期化がロシアに有利な状況をもたらすだろうとの期待に求めることができる。一時は低下が指摘された士気は持ち直したようだ。

プーチン政権から見れば、NATO諸国はロシアと戦う意思がなく、ウクライナは軍事的にも経済的にもロシアに劣っている。ここから、NATO諸国を核兵器で脅しながら通常兵器によって軍事作戦を続ければ、ロシアがウクライナに負けるはずはないという期待が生まれる。

NATOがウクライナに次々と武器を補給し、兵士を訓練している現状にあっては、この期待は希望的観測に過ぎない。だが、軍事大国の抱く力の幻想は無視できない。時間が経てば勝てると考えるとき、戦争を断念する理由はないのである。

＊

戦争が消耗戦に陥れば戦争継続に必要な経済的条件が重要になる。ウクライナとその支援国は、ロシアに対する経済制裁によってロシアの戦闘能力が弱まり、さらにロシア国内での厭戦感情が高まることに期待をかけている。

しかし、対ロ経済制裁によってプーチン政権の方針が変わった形跡はなく、政府に反対する国内世論も強まってはいない。中国やインドなどロシアからエネルギーを購入する諸国によって制裁の実効性が弱まることも指摘しておくべきだろう。経済制裁の効果を過大評価することはできない。

ロシアは逆に、エネルギー供給の削減によってドイツを始めとする西側諸国の経済に打撃を加え、ロシアに対抗する国際連帯を弱めようとしている。しかし、ロシアの天然ガスと石油が特にヨーロッパ諸国にとって重要なのは事実であるとしても、資源供給確保のためにウクライナへの支援を見直す諸国が相次ぐという状況は見られない。

私はロシア軍が撤兵しない限り、NATO諸国によるウクライナへの軍事支援と、日本を含む世界各国の対ロシア経済制裁は正当かつ必要だと考える。それでも、ウクライナ支援と対ロ制裁の効果を過大視することはできない。突き放して言えば、この戦争に勝てないとプーチン政権が判断するまで、残虐な消耗戦が続くことになるのだろう。（2022年8月17日）

## 核兵器は必要悪ではない

ロシアがウクライナを侵攻するなか、核兵器に頼る安全保障は世界に広がるばかりだ。この流れを変えることはできるのか。それが2022年7月12日と13日に開催された2022年度ひろしまラウンドテーブルの課題だった。

ひろしまラウンドテーブルは、核廃絶という理念を具体的政策として実現するため、湯﨑英彦広島県知事の呼びかけにより13年から開催されてきた国際会議である。ギャレス・エバンス元豪外相と阿部信泰元国連事務次長（軍縮問題担当）を始め、スコット・セーガン、ジョン・アイケンベリー、沈丁立、ラメシュ・タクールなど核問題と国際政治の代表的な専門家各氏が集まり、核兵器が再び戦争で使われることのない世界を作るための選択を考えてきた。私は発足時からその議長を務めてきた。

22年の会議は核軍縮にとって厳しい国際情勢の中で開催された。ロシアのウクライナ侵攻によって国際政治の法と制度が揺るがされている。ＩＮＦ条約（中距離核戦力全廃条約）は失効し新ＳＴＡＲＴ（新戦略兵器削減条約）も失効に近づくなど、核を管理する国際体制が危機に瀕《ひん》している。ロシア政府は核兵器の使用に言及し、核兵器によって恫喝《どうかつ》を加えながら通常兵器で侵略戦争を続けている。実戦で核が使用される可能性も無視できない。

＊

アメリカ、ロシアばかりでなく中国を含む核兵器保有国は、核兵器の近代化を急速に進めている。核の拡大抑止、いわゆる「核の傘」の下にある諸国では、日本における「核共有」の訴えを始めとして、「核の傘」の有用性に期待し、それを強めようとする動きが生まれている。核の削減どころか核抑止の強化と拡大が訴えられているのである。

ラウンドテーブルの提案の中核は、核抑止への依存の削減である。ウクライナ侵攻が露呈させたように核を用いない侵略を防ぐうえで核抑止には限界があり、しかも核抑止が破綻《はたん》すれば核戦争になってしまう。広島と長崎への原爆投下を経験した日本では、核兵器は国民の安全を破壊する兵器であるという認識と、核兵器削減と全廃という目標が国民的合意であったが、ウクライナ侵攻、北朝鮮のミサイル実験や中国の勢力圏拡大を前にする世界では、核抑止こそが国民に安全をもたらすという考えが広がっている。日本が核兵器禁止条約（ＴＰ

NW）への参加を拒んだ背景にも核抑止への依存があった。

安全のために核抑止が必要だと考える限り、核廃絶は実現できない。TPNW締約国は6月に会議を開催し、核兵器廃棄までの期限を10年とするウィーン宣言を採択した。だが、TPNWには加わっていない核保有国・核の傘の下にある諸国とTPNW締約国の間には大きな距離が開いている。

ではどうすべきか。オーストラリアなど核の傘の下にある諸国もオブザーバーとして締約国会議に参加した。ラウンドテーブルではTPNWが核廃棄の検証と履行の確保など核廃棄を実現する具体的過程を示していないと指摘されたが、オブザーバー参加を拒む理由にはならない。条約運用上の有効性を高めるためにも、日本のオブザーバー参加が求められる。

＊

TPNWに加わらない日本が重視するのは岸田文雄首相の出席も予定されているNPT（核不拡散条約）運用検討会議だ。核保有国も参加するNPTは、核不拡散だけではなく、核保有国が核を削減する枠組みでもある。15年の前回検討会議が最終合意に至らず、NPT体制は停滞しているとされる。ラウンドテーブルは核保有国の核削減を定めたNPT条約第6条の履行を強く呼びかけている。

核軍縮交渉の再開や核兵器先制不使用宣言など、ラウンドテーブルの求める政策はほかにも数多いが、日豪両政府の立ち上げた核不拡散・核軍縮に関する国際委員会（ＩＣＮＮＤ）の議長を川口順子元外相とともに務めたことで知られるギャレス・エバンス氏について最後に触れておきたい。

エバンス氏はカンボジア平和構築など多くの成果を残したオーストラリアの元外相であるが、１９６４年に広島を訪れて衝撃を受けて以来、核のない世界の実現を人生の目的としてきた。今回のラウンドテーブルにも高齢を押して参加され、核保有国と非核保有国との間に開いた距離から目を背けず、その距離を克服して核に頼る平和を乗り越える具体的な方法を提起し続けた。その粘り強い努力には賛嘆するほかはない。

核兵器は必要悪ではなく、排除すべき悪である。核保有国と核の傘に頼る諸国が核に頼る「平和」から核のない世界の平和へと政策を変えるために残された時間は少ない。

（２０２２年7月20日）

## 長い戦争が国際政治を変える

ウクライナの戦争は長期戦になった。大量の兵器を費消し、兵士と一般市民が生命を失う戦争の継続が見込まれるなかで、国際政治の構図が変わろうとしている。

東部地域に主力を集めたロシア軍は開戦時の劣勢をはね返し、ルハンスク州を制圧する勢いだ。短期戦による戦勝に失敗したロシアは、戦争の長期化を想定した巻き返しに転じ、成果を上げようとしている。

だがウクライナが負けたわけではない。そもそもロシアは戦争の行方を定めるような戦果はまだ手にしていない。時間が経過すればNATO諸国の提供する高性能兵器によってウクライナがロシア軍に対して優位となることも期待できるだけに、侵略者への屈服ではなく侵略に持ちこたえることがウクライナ側の目標になるだろう。

将来の戦況が有利だと双方が考えるとき、戦争終結の展望はない。今後ドイツやフランスなどの諸国は欧州連合（EU）加盟交渉を誘い水として停戦交渉の再開をウクライナに提案するものと見られるが、停戦交渉に応じれば、ロシアが既に併合したクリミアや東部地域の自称人民共和国だけでなく2月の侵攻後に制圧した地域の帰属さえ議題になりかねない。侵略と殺戮を加えた側への譲歩をウクライナ住民が受け入れる可能性は低い以上、極度の戦況の変化がない限り、外交交渉による停戦が実現する見込みは少ない。

＊

戦争の継続は国際政治のあり方を変えようとしている。もとより国際関係には、世界各国が参加し協力して支える国際秩序という側面と、他国よりも軍事的に優位に立つ国家が影響力を行使する覇権秩序という側面の両方が含まれている。覇権国家の存在が国際関係を不安定にするとは必ずしも限らないが、覇権を争う複数の国家によって世界が分断されたならば、秩序の安定ではなく戦乱に向かう危険がある。

第2次世界大戦後の国際秩序としてルーズベルト米大統領が模索したのはアメリカの覇権のもとにおける国際連合を基軸とした体制であった。その希望を阻んできた米ソ冷戦が終結することによって各国の共有するルールに基づいた秩序をつくる機会が生まれたが、実現したのは冷戦時代の国際体制の延長であり、ロシアを含む安全保障の制度化ではなくNATOの加盟国東方拡大にすぎなかった。冷戦期に西側諸国が築いた国際体制は西側諸国の覇権的地位と共に堅持され、冷戦後のロシア、さらに欧米以外の地域の各国にはその体制に従うことが求められた。

中国とロシアが欧米諸国と協力する限り、新たな国際体制をつくらなくても秩序の維持はできる。だが、中国の経済的軍事的台頭と米中関係の緊張、さらにクリミア併合後のロシアと欧州の緊張によってこの構図は壊れ、覇権の競合が復活する。バイデン政権の誕生はトランプ政権における国内重視からアメリカ外交が転換する機会でもあったが、打ち出されたのはアメリカの同盟国・友好国の連携に基づいた中国とロシアとの競合だった。

以前から進んでいた冷戦時代のような東西への世界の分断はロシアのウクライナ侵攻によって一気に進み、固定化されようとしている。

＊

ロシアの侵攻に対する非難とウクライナとの連帯は世界的規模で見られたが、各国の違いは大きい。習近平政権のもとで合同軍事演習などロシアとの連携を深めてきた中国は、領土保全原則を強調することでウクライナ侵攻の支持は避けながらも、ロシアへの制裁は強く批判してきた。日米豪との軍事政治連携を強めたインドも対ロ制裁に加わっていない。侵攻後の対ロ経済制裁に加わったのはＮＡＴＯ・ＥＵ諸国のほかには日本、オーストラリア、韓国など、アメリカとその同盟国に集中しており、中国やインドはもちろん、ラテンアメリカ、アフリカ、中東、東南アジアの諸国もロシアへの制裁に慎重な姿勢を崩していない。

アジア太平洋諸国の防衛担当者が集うアジア安全保障会議（シャングリラ・ダイアローグ）で基調講演を行った岸田文雄首相は、ウクライナは対岸の火事ではないと述べ、弱肉強食の世界への回帰に懸念を表明した。懸念の焦点が北朝鮮と並んで中国であることは明らかだったが、植民地支配の経験を忘れられないと述べたインドネシアのプラボウォ国防相を始めとして、中国との対抗から距離を置く指導者は少なくなかった。

ウクライナ侵攻によって将来のロシアが弱体化することは避けられない。しかし、アメリカとその同盟国・友好国だけをメンバーとする秩序の限界も明らかになってきた。長い戦争が、国際秩序の中心と周辺の間に開いた溝をさらに深めようとしている。

（2022年6月15日）

## ウクライナ侵略――核抑止は破れるか

ロシアのウクライナ侵略は失敗しようとしている。首都キーウ（キエフ）攻略の失敗に続いてハルキウ（ハリコフ）付近の撤退が続き、東部戦線の戦果は少ない。NATO諸国の武器供給が続くウクライナ軍を前に兵士を失い武器を費消したロシア軍は、2月の侵攻以前の地点に向けて押し戻される勢いだ。

劣勢のロシアは戦争のエスカレートに訴えるだろうか。ロシアに向かい合う安全保障の体制をどうつくるべきか。どちらも核兵器を避けて考えることのできない課題である。

＊

まず、プーチン政権は核兵器を使うのか。核保有国が互いに核使用を抑止するとき、通常兵器による戦争に合理性が生まれてしまう。核による反撃を辞さないというラブロフ外相やメドベージェフ前大統領の発言の根底には、この安定・不安定パラドックスがある。核問題の研究で知られるスコット・セーガンの表現を借りれば、核を盾に使って核攻撃を阻みつつ戦争を展開しているのである。

これだけなら脅しに過ぎない。では通常兵器では勝ち目がなくなったとき、核の使用に踏み切るだろうか。その可能性は否定できない。しかしウクライナの兵力を破壊する戦術的目的だけでは核を使う効用は低い。核兵器がどれほど小型で攻撃対象が近距離にあっても、核の使用は大規模殺戮の与える恐怖によって敵国の行動転換を図る戦略目的と切り離すことができないばかりか、西側同盟はもちろん世界すべての国を敵に回す結果を伴う。

ロシアの核兵器使用はロシア本土の安全が脅かされた場合に限られると考えてよい。ウクライナがロシア本土を攻撃しない限り、核使用の可能性は低いのである。侵略されたウクライナがロシア軍撤退を停戦条件として譲らないのは当然だが、ロシア領内への攻撃や進軍は抑制しなければならない。

＊

次に、ロシアに向かい合う国際安全保障の体制について考えてみよう。ウクライナ侵攻によって西側同盟は結束を高め、フィンランドとスウェーデンのＮＡＴＯ加入も進もうとしている。ロシアの脅威に対する正当な対応であるが、西側同盟はアメリカの核戦力による拡大抑止、いわゆる核の傘に依存してきた。同盟の強化は核抑止への依存を強め、核軍縮を逆行させる危険が大きい。

何がいけないのかと思う人はいるだろう。核抑止の強化によってロシア、さらに中国の侵略に備えるべきだとする議論は少なくないからだ。だが、抑止は常に破綻する危険を伴う。核戦略があっても通常兵器による侵略の抑止は難しい。抑止を恐れない相手に対しては戦争のほかの選択肢はない。

核抑止が破れて核戦争が起こったならば、勝者のない、あるいは勝利の意味がない破滅が待っている。だからこそ、抑止を保ちつつ核軍縮によって核抑止への依存を引き下げ、通常兵器による抑止を模索し、核の使用は核攻撃を受けた場合に限定し（唯一目的論）、さらに核兵器の拡散を阻止する国際体制を構築するなど、国際的な努力がこれまで重ねられてきた。

だが、米ソ冷戦終結後に核弾頭が大幅に削減されたとはいえ、2010年の新ＳＴＡＲＴ調印後の核軍縮は成果が乏しい。核兵器禁止条約の発効は核兵器の非人道性を再確認し核保有国に圧力を加える上で意義があったが、核保有国も日本も条約に署名していない。

その間にアメリカとロシアは新世代の核兵器開発を進め、中国は核戦力を飛躍的に拡充した。バイデン政権発足後アメリカとロシアは新ＳＴＡＲＴの期限延長に合意したが、ウクライナ侵攻後、米ロ交渉の展望は見えない。

６月には核兵器禁止条約締約国会議、８月には核兵器不拡散条約（ＮＰＴ）運用検討会議が予定されているが、核に頼る抑止はむしろ拡大している。

しかし、政策決定者も核戦争を恐れている。

バイデン政権がＮＡＴＯの直接介入を避けてきた背景には核戦争へのエスカレートを回避する意図があった。通常兵器では劣勢に追い込まれたロシアが恫喝には使っても実戦での核の使用をためらう現実は、核戦争が起これば破滅が待っているという認識がロシア政府にも残されていることを示している。核戦争への恐怖がある限り核軍縮の機会は残されているのである。

プーチンの戦争はまだ終わっていない。朝鮮戦争の休戦はスターリンの死を待たなければならなかった。だが、核戦争が勃発する危険があるからこそ、核抑止の効果を過信することなく、核軍縮のために努力を続けなければならない。広島・長崎の悲劇を知る国民にとって、使命とも言うべき課題である。

（２０２２年5月18日）

## パンドラの箱を開けてしまったプーチン政権

プーチン政権がウクライナに侵攻した2月24日から2カ月が経とうとしている。ウクライナ国民の抵抗を前にしたロシア軍は失敗を繰り返し、短期戦の制圧どころかウクライナの首都キーウ（キエフ）周辺から撤退した。いま、東部と南東部に兵力を集めて態勢を立て直したロシア軍は、新たな攻撃を開始している。

これからどうなるのか。三つ可能性があるなか、もっとも公算が大きいのは戦争の長期化である。

停戦交渉は断続的に行われているが、ウクライナとロシアが停戦合意を結ぶ可能性は低い。NATO諸国はウクライナへの武器供与を拡大し、直接の軍事介入をすることなくウクライナが持ちこたえ、ロシアに反撃することを目指している。NATOからさらなる軍事支援が期待できる以上、現在の戦況に基づいてウクライナが停戦する意味は少ない。さらに、ブチャを典型として、制圧した地域におけるロシア軍の虐殺、略奪、性暴力が明らかとなった。

粗暴な侵略者を前に妥協することは難しい。ロシア軍が全面撤退をしない限り停戦交渉は膠着《こうちゃく》し、戦争が長期化することになる。

＊

第二の可能性は、ロシア側の一方的停戦だ。

現在のプーチン政権はウクライナ東部のドンバス地域の安全を戦争目的に掲げ、ウクライナの非ナチ化という当初の奇怪な目標は後回しにしたかに見える。

全土制圧の展望が見えないなか、ウクライナ東部への全面攻撃で成果を上げ、ドンバスの安全は確保した、目的は達成したなどと主張して攻撃を一方的に停止する選択がここから生まれる。

だが、停戦と撤兵は違う。戦闘は停止しても、ロシア軍がウクライナ東部・南東部から撤兵する公算は小さい。プーチン政権は、クリミア併合はもちろん、二つの自称人民共和国の独立を始めとした勢力圏の確保と拡大は譲らず、そのような停戦ではウクライナの合意が期待できない。

戦闘の休止は次の戦争の準備に過ぎない。西側諸国のロシアに対する経済制裁は継続し、ロシアはウクライナに獲得した地域の軍備を強化し、NATO諸国はウクライナへの武器供給を続けるばかりか、新たな同盟国にスウェーデン・フィンランドを加えて対ロ防衛強化に腐心する。ここで仮に中国の習近平政権が中ロの軍事連携を維持したとすれば、米ソ冷戦の時代にも存在しなかった規模における東西の軍事的対峙《たいじ》が生まれてしまう。

第三の可能性が、戦争のエスカレートである。

プーチン政権の示唆する核兵器使用の可能性は、NATO諸国による軍事介入を阻むための威嚇と見るべきだろう。安定した核抑止が通常兵器による戦争遂行の合理性を高めるという、国際政治学の「安定・不安定パラドックス」だ。

だが、戦争の目的をウクライナ東部・南東部の安全確保に絞り込んだとしても、通常兵力で既に打撃を受けたロシア軍が、武力によって支配地域を拡大することは難しく、このままでは戦争に勝つことができない。

今回の戦争において自軍兵士の安全を顧慮しない作戦を繰り返したことを含めて考えるなら、自軍の犠牲を伴うことを恐れずにプーチン政権が生物化学兵器や核兵器を実戦で使用する可能性が存在しないとはいえない。

＊

ＮＡＴＯは戦争拡大を恐れて直接介入を避けてきたが、ロシア軍による大量虐殺と人権侵害を放置するのか、ＮＡＴＯは飛行禁止区域を設定し、ウクライナを支援すべきだという批判にさらされている。ロシア軍が大量破壊兵器を使用した場合、ＮＡＴＯは直接介入以外の選択を失うことになる。

ウクライナ侵攻がロシア国民の安全が脅かされていないにもかかわらず行われた侵略戦争であり、軍人ではない国民の殺戮と文民施設を破壊した戦争犯罪である以上、侵略されたウクライナ国民を見殺しにすることがあってはならない。他方、戦争がエスカレートし、大量破壊兵器が実戦使用されたなら世界戦争に発展する危険がある。

ここでウクライナの見殺しと戦争のエスカレートの双方を避けようとするなら、NATOはウクライナへの軍事支援を強化しつつ直接介入を回避するほかに選択はないが、ウクライナにおける殺戮が続けば続くほど介入を求める西側各国の国内世論が高まることは避けられない。しかも、たとえ一時的に停戦が実現したとしても、軍事対立は継続し、国際政治における東西の分断は固定化してしまう。

ウクライナ侵略によってプーチン政権はパンドラの箱を開けてしまった。ロシア政府がこの愚かで残酷な戦争を断念して兵力を撤退しない限り、世界は箱の底に残された希望を手にすることができない。この残酷な戦争がこれからも続くことを覚悟しなければならない。

(2022年4月20日)

## 日本国憲法前文と国際秩序——戦争を終わらせるために

米ソ冷戦は戦争なしに終わった。

「負け組」と呼ぶべきロシアも構成員とする新たな国際秩序はつくられず、冷戦期の西側諸国の秩序を外に広げるだけに終わった。

冷戦に不戦勝を収めた欧米諸国は資本主義と民主主義の優位に溺れていた。混乱のなかに生まれたプーチン政権は、力による支配を国内で広げ、さらにウクライナへの全面侵攻を開始した。外交交渉が重ねられ、攻撃した場合に加えられる制裁が伝えられているにもかかわらず、短期間の戦闘による全土制圧、電撃戦を試みたのである。

電撃戦による侵略を前にすれば戦争のほかに選択はないが、その戦争が世界戦争にエスカレートする危険は高い。侵略の犠牲者を放置せず、しかも戦争の拡大を阻止することはできるのか。国際政治のパンドラの箱が開いてしまった。

電撃戦の先例はナチスドイツの侵攻、それもズデーテン地方併合ではなく第2次世界大戦の開始となったポーランド侵攻である。

この歴史の類推を当てはめるならズデーテン併合に相当するものがクリミア併合、ミンスク合意はミュンヘン会談になってしまう。

ナチスドイツは短期間にポーランドを制圧したが、ロシア軍の進軍は遅延した。ウクライナ軍と国民の抵抗を前に電撃戦勝利という破滅的に愚かな期待は裏切られた。緒戦に失敗したプーチン政権は破壊の規模を拡大し、市民の居住地域に攻撃を繰り返した。

＊

プーチン政権がウクライナ制圧に成功する可能性はない。高性能兵器によって軍事的に勝利しても占領を維持できないからだ。ベトナムでもアフガニスタンでも軍事的優位にある側が支配に失敗した。ウクライナでは侵略に対する国民の結束が高く、占領が成功する可能性はさらに乏しい。

ロシア軍の戦闘意欲は低い。世界的経済制裁はロシア国民の生活を破壊し、ウクライナ占領どころかロシアに内乱と革命を招きかねない。プーチンは戦争によってウクライナばかりでなくロシアも破壊した。

だが、ウクライナが単独でロシア軍を撃退することも難しい。NATOやEUなど世界各国はロシアに経済制裁を科し、ウクライナ軍への武器供与も拡大したが、無差別攻撃を前にしたウクライナ軍が持ちこたえる保証はない。

停戦交渉は断続的に行われているが、NATO加盟を棚上げにしてもNATOの関与抜きの停戦合意ではウクライナの安全を保証することはできない。戦争による犠牲がどれほど大きくても無法な侵略者との停戦合意はウクライナ国民の反発を招くだろう。停戦交渉が重ねられる一方で、自国により有利な停戦を求めて両軍が戦争を激化させる可能性が高い。

飛行禁止区域を設定するなどNATOが介入の意思を示せば戦争はエスカレートする。国際政治学における安定・不安定パラドックスは核戦力相互が抑止し合うなかで通常兵器による大規模戦争が生まれる可能性を示しているが、プーチン政権が化学兵器、あるいは核兵器を使用する危険は現実のものだ。

＊

ＮＡＴＯもバイデン米政権も、戦争のエスカレーションを回避すべく、直接介入を控えてきた。核戦争は絶対に避けなければいけない以上、ウクライナ国民を侵略の犠牲とする可能性を持つとしても、私はこの方針を支持する。だが、プーチン政権は、核兵器や化学兵器使用で脅すことでＮＡＴＯ諸国の関与を排除し、ウクライナに壊滅的打撃を加えてロシア政府に有利な停戦合意を引き出そうとしている。

その結果生まれるのは、停戦交渉と大規模な破壊・殺戮が同時に、しかも長期にわたって継続する状況である。突き放して言えば、プーチン政権が自壊するまで、この残酷なゲームは続くだろう。

この戦争の出口は何だろうか。

日本国憲法前文は第2次世界大戦後の日本の原則であるとともに、大戦後の世界をつくる原理の宣言でもあった。そして、プーチン政権は、平和を維持し、専制と隷従、圧迫と偏狭を地上から永遠に除去しようと努めている国際社会とは対極にある存在だ。

プーチン政権は自滅に向かっている。

だが、プーチン政権とロシア国民は同じではない。

戦争の終結は国際秩序を形成する機会だ。日本国憲法は軍国主義の日本を世界との協力の中に再統合する貴重なステップだった。

戦争と内乱の後には、今度こそ、冷戦終結時につくるべきであった「負け組」も参加する秩序、日本国憲法前文が示すような世界各国の国民もロシア国民も受け入れることのできるような力の支配ではない国際秩序をつくらなければならない。

（2022年3月16日）

## 瀬戸際政策とウクライナ危機の軍事化

ウクライナ情勢が厳しい。国境に集結したロシア軍は10万を超え、ベラルーシに派遣された部隊と黒海沿岸の軍事演習を合わせると、ウクライナは3方向の軍事圧力に直面している。

ロシアのプーチン大統領はウクライナを攻撃する意思がないと繰り返し表明しているが、ロシア軍の動員が戦争を辞さない性格を持つことは疑いを入れない。国際政治では戦争の瀬戸際まで相手を追い込み、その軍事的圧力によって相手から譲歩を引き出す戦略のことを瀬戸際政策と呼ぶが、これほど露骨な瀬戸際政策は珍しい。

かつてリチャード・ネッド・ルボウが『平和と戦争の間』（Between Peace and War）で論じたように、瀬戸際政策は戦争の発生する可能性が最も高い国際危機である。瀬戸際政策をとる相手を前に譲歩すれば戦争に訴えることなく相手が成果を獲得し、譲歩を拒んだ場合に戦争が勃発する。一方的譲歩か戦争かという選択を迫られるのだから、外交による緊張緩和が難しいことは明らかだろう。

＊

瀬戸際政策を撤回に追い込む手段のひとつが、抑止戦略の実効性だ。攻撃すれば反撃を加える明確な意思を持ち、その意思を誤解の余地なく相手に伝達すれば、相手は瀬戸際政策を撤回する可能性がある。逆に反撃する意思が弱い場合には、抑止する側の方が譲歩に追い込まれる危険が生まれてしまう。

ウクライナ危機ではロシア軍が国境を越えた場合にＮＡＴＯ諸国がロシアに大規模な反撃を加えるかどうかが焦点となる。そして、ＮＡＴＯ各国はウクライナへの武器供与を進めているとはいえ、ロシアとの交戦を避ける可能性が高い。

バイデン米大統領はウクライナを侵略すればロシアは大きな代償を払うことになると警告したが、これまでにとられた措置はポーランドなどＮＡＴＯ諸国の防衛強化であって、ウクライナに兵器は供給しても派兵はしていない。２０１４年の政変によって親ロシア派と目されたヤヌコービッチ大統領がウクライナから追放された後、ロシアはクリミアを併合し、ウクライナ東部に兵力を進めたが、この時にもＮＡＴＯは軍事介入をしなかった。今回ロシアが越境攻撃すれば西側諸国が対ロ経済制裁をさらに強化することは間違いない。だが、ウクライナを防衛するために武力介入を行う公算が小さい。そして、戦争する意思がなければ抑止力を強化しても相手の行動を抑えることはできないのである。

＊

外交目標へのコミットメントにも違いがある。ＮＡＴＯ東方拡大を警戒するプーチン政権は、ウクライナのＮＡＴＯ加盟に強硬に反対してきた。国境防衛に直結するだけに、この目標へのロシアのコミットメントは強い。ウクライナのＮＡＴＯ加盟を明示的に排除し、同国東部に自治政府樹立を実現するまで軍事動員が続く可能性が高い。

他方、ＮＡＴＯは08年の首脳会議において将来のウクライナ加盟は認めたものの、ウクライナ政府の希望にもかかわらず加盟交渉は行われていない。ウクライナ東部における停戦合意が実質的に破綻した後も、ＮＡＴＯ加盟の進展は見られない。ロシアから見れば、ウクライナ東部に独自の自治政府を樹立し、ＮＡＴＯにウクライナ加盟を断念させる余地があることになる。

目標へのコミットメントが違う限り、外交による危機の打開は難しい。14年紛争後にはフランスとドイツがウクライナとロシアの間に立つ、いわゆるノルマンディー方式によって停戦交渉が進められた。今回もマクロン仏大統領とショルツ独首相がウクライナ・ロシア両国と交渉を展開した。NATO加盟の先送りと東部地域自治についてウクライナ政府と協議した可能性はあり、プーチンも対話は継続すると述べたが、国境に動員された兵力はまだ残されている。

これだけを見ればプーチン政権の瀬戸際政策は成功するかに見える。だが、NATO諸国もロシアの求める譲歩を行う可能性は少ない。ロシアが受け入れるような方針を示すならウクライナの反発は避けられないが、それ以上に、瀬戸際政策を前にして譲歩すれば同盟全体の信頼性が揺らぐからだ。ウクライナと同様に西側と同盟を結んでいない台湾の問題にも波及し、中国への抑止力の低下を招く危険も無視できない。むしろ、ロシアへの警戒が強まることでNATO諸国の結束は高まるだろう。共通の敵ほど同盟を強める存在はない。

この危機は長期化する懸念が強い。臨戦態勢が続くなか、ロシアも西側同盟諸国も、経済、金融、資源供給、さらに情報操作によるもう一つの戦争の強化に走ることだろう。米中対立に加えてウクライナ危機の軍事化によって、新しい冷戦がほんとうに始まってしまった。

（2022年2月16日）

## リベラリズムの後退とリアリズムの復権

2022年の世界を安定という言葉で形容することは難しい。中国・ロシア両国と欧米諸国との間の緊張が拡大し、台湾やウクライナへの軍事介入が憂慮されているからだ。

米ソ冷戦終結後の一時期、国際政治の専門家の中で、民主主義と資本主義を共有する諸国のもとで世界に安定が訪れたという判断が広がった。国際政治におけるリベラリズムは政治的自由と国際貿易の拡大が国際平和の条件を提供すると主張してきたが、それが既に実現したという考えだった。

学者だけではない。NATOの加盟国東方拡大は、自由な政治体制と経済の拡大を逆らうことのできない必然とする判断が招いた選択だった。西側との関係強化による中国の変化を期待するエンゲージメントポリシー（関与政策）にもリベラリズムへの過信を見ることができる。民主政治と資本主義経済というキーワードに世界を還元する単純化されたリベラリズムが、現状分析と政策選択の誤りを招いてきた。

＊

リベラリズムの対極をなす考え方がリアリズムである。国際政治の基本的な特徴が無政府状態である以上、軍事力による国家防衛の外に各国の選択はない。民主主義や資本主義ではなく、国防と抑止が国際関係に安定をもたらすことになる。

これも学者だけの議論ではない。中国とロシアの対外政策はリアリズム抜きに考えられないし、アメリカの対中・対ロ政策が民主主義と資本主義への過信を伴ったとしても、抑止力の確保が放棄されたことはなかった。

米中・米ロの緊張が高まるいま、リアリズムこそが必要だと考える人もいるだろう。だがアメリカが抑止力を強化しても、中国とロシアの行動を変えることは難しい。

中国が台湾を直接攻撃した場合にはアメリカと西側諸国が反撃する可能性は高く、その限りでは抑止力が存在する。だが、抑止戦略は攻撃を阻むことができても相手の行動の変化、たとえば西沙・南沙諸島における中国の軍事的後退は期待できない。さらにアメリカが「ひとつの中国」という立場を公式に放棄すれば外交による緊張緩和の機会は失われ、小規模な紛争が全面戦争にエスカレートする危険性も高まるだろう。

ウクライナをめぐるロシアとNATO諸国の対立はさらに厳しい。ウクライナ国境にロシアが10万人規模の兵力を集結していると伝えられるなか、プーチン政権は東方拡大の停止と東欧からの撤退をNATOに要求した。NATOは要求を拒否したが、プーチン政権が姿勢を変える可能性は低い。ロシアが越境進軍する危険性は高い。

では何ができるのか。素朴な表現になるのを恐れずにいえば、それは外交だ。ここに紹介したようなの誇張されたリベラリズムもリアリズムも、民主主義の効用や軍事力の効用、そして自分の行動が相手を変える可能性を過大視する点では違いがない。自分の持つイメージをあてはめることに終始して、相手から見える世界に目を向けていないのである。相手の認識に関心を向けない限り外交が成り立つはずもない。他者性を排除して教条化したリベラリズムやリアリズムは紛争解決の役に立たないのである。

＊

ハンス・モーゲンソー（1904〜1980）は国際政治におけるリアリズムを早い時期に展開した研究者である。主著『国際政治』（1948年初版、78年改訂5版）においてモーゲンソーは国際政治が権力闘争であるという認識を示し、リアリズムの基礎を体系的に示す一方、軍事力の効用の過大評価も戒め、外交を通した戦争の回避と安定を模索した。交渉機会が乏しい東西冷戦のさなかに外交の必要を訴えることは、力の支配する世界において緊張緩和を模索する実践的な選択であった。

モーゲンソーはリアリストであってもリアリズムの過信や軍事力への希望的観測には陥らず、外交の役割に期待した。対中関係と対ロ関係を考えるときに必要なのはこの視点、可能性の技術としての外交である。

外交とは交渉によって合意する可能性の模索であり、相手の善意への期待や屈服ではない。ロシアから見えるウクライナ、中国から見える台湾に目を向けることは外交の出発点に過ぎない。外交によって合意が得られる保証はなく、交渉に応じたことを利用され、相手に裏切られる危険もある。それでも外交協議の機会を逃せば紛争拡大を阻止できないのである。

米中関係も米ロ関係も著しく緊張が拡大しているが、外交の機会を排除しないという一点に限っては合意していると伝えられている。新しい冷戦の定着を前にした世界に残されたわずかな希望である。

（2022年1月19日）

# Ⅳ　2021年

## 民主主義のイデオロギー化という愚行

12月9日から2日間にわたり、バイデン米大統領の呼びかけによって、世界111カ国・地域の代表が参加した民主主義サミットが開催された。何が議論されるかよりも誰が参加するのかに関心の集まったこの会議にはどんな意味があったのだろうか。

米中競合が固定化・長期化するなか、友好国を確保する競争が生まれた。直接に軍事対決するリスクが高く、単独では覇権の保持が不可能であるため、友好国、露骨にいえば味方を増やすことで優位を模索するのである。

軍事的連携で優位に立つのはアメリカだ。NATO（北大西洋条約機構）や日韓豪との同盟に加え、QUAD（日米豪印戦略対話）のもとでインドとの連携も強化した。他方、中国は西側同盟に比すべきネットワークを持っていない。ロシアとの軍事演習は繰り返されているが、ロシアが中国との共同防衛協力にコミットしたとはいえない。

経済では中国に有利な面も見えてくる。国際貿易・通貨体制の中心に位置するとはいえ、成熟経済のアメリカに中国に匹敵する高成長は見込めない。発展途上地域への積極的開発協力によって一帯一路戦略を進める中国は、経済的影響力を政治と軍事における影響力に結びつける試みを展開してきた。

＊

軍事と経済の勢力拡大競争だけならば従来の国際政治と違いはないが、民主主義サミットは力や実利ではなく、理念と体制による連帯の試みだ。中国とロシアが世界的な民主主義の後退を加速させているという危機感のもと、アメリカが中心となって民主主義を国際政治の課題として再提示すべきだと、バイデンは大統領選挙の時から訴えてきた。そこに強権支配との協力を厭《いと》わないトランプとの違いを鮮明にする狙いがあったとしても、選挙目当ての策謀だけではない。デモクラシーを平和と結びつける考え方には長い伝統があるからだ。

1917年、第1次世界大戦への参戦を求めて議会で演説した際、ウッドロー・ウィルソン米大統領は民主主義にとって安全な世界をつくり出す必要を述べた。ジョン・アイケンベリーが『民主主義にとって安全な世界とは何か』で論じたように、アメリカは民主主義諸国の安全を図るべきだというウィルソンの理念をフランクリン・ルーズベルト大統領は基本的に踏襲し、その理念は第2次大戦、冷戦、さらに冷戦終結後のアメリカ外交にも引き継がれてゆく。トランプ政権において背景に退いていたこのアメリカ外交の理念をバイデン政権は復活させたのである。

台湾とウクライナが招かれる一方で中国とロシアが外されており、ここで民主政治の対極に想定されているのは中国とロシアだ。中国の台湾攻撃とロシアのウクライナ侵攻が懸念される状況を民主政治と権威主義的支配との対抗という構図から捉え、アメリカを中心とする民主主義国が連帯して権威主義体制の脅威に立ち向かうことを呼びかける。民主主義サミットは軍事や経済における勢力拡大などに還元して考えることのできない、極めて理念的な国際秩序の模索であった。

*

さて、どう考えればよいのだろう。民主主義は普遍性を持つ理念と政治体制であり、民主政治の防衛というアメリカの主張には説得力がある。民主主義には地域による多様性があるという中国の主張にも一理はあるが、現在の中国のように明確に民主政治に反する体制を多様な民主主義の一つに数えるのは明らかな誤りだ。どれほど地域文脈性があるとしても、民主主義は強権支配の別名ではない。

問題はその先にある。地域による相違があるとはいえ、北米、西欧、日本や韓国の民主政治は類似性が高く、軍事的には同盟、経済的にも市場経済によって既に結びついている。だが他の地域に視野を広げるならこの類似性と連帯はあいまいとなってしまう。ドゥテルテ政権のフィリピンほど強権的な体制まで民主主義国に入れるのなら、シンガポールやタイはなぜ排除されるのか。さらに、このサミットで民主主義国から外された諸国が中国やロシアとの関係強化に向かう危険もある。

民主主義にとって安全な世界とは、自由で、しかも多様な世界であるはずだ。中国の主張する民主主義概念がどれほど恣意《しい》的な強弁であっても、民主政治が多様であることは事実である。冷戦期の世界では民主主義、あるいは自由主義陣営という言葉は政治的に利用され、消費された。そのなかで、共産主義ではないという理由から自由主義陣営に数えられた軍事政権も数多い。

バイデン政権はいま、民主主義のイデオロギー化という冷戦のもとで続けられた愚行を繰りかえそうとしている。独裁の別名ではなく、しかも欧米の模倣でもない民主主義を築いた日本は、その愚行に従ってはならない。

（2021年12月15日）

## 中国の攻撃的台頭と台湾危機

11月15日、アメリカのバイデン大統領と中国の習近平《シーチンピン》国家主席は、オンラインによる首脳会談を行った。では米中対立は和らぐのか。そうは考えにくい。

中国に臨むバイデン政権の姿勢は厳しい。政権発足直後のミュンヘン安全保障会議以来、中国の軍事的脅威と人権侵害に対する批判を明示し、同盟国・友好国との結束強化による対抗姿勢を打ち出した。

対中関係についてバイデン政権が用いる言葉が競合、すなわちコンペティションである。10月に開催されたジェイク・サリバン補佐官と楊潔篪《ヤンチエチー》共産党政治局員との会談においても、ジェイク・サリバン補佐官は中国との競合という言葉を使った。この背景には対中政策の転換がある。

クリントン政権以後のアメリカは中国とのつながりを深める関与政策によって中国の経済と社会が変わり、西側に接近することを期待してきた。だが中国は軍事的・経済的に台頭すればするほど西側諸国との協力から離れて対抗に向かう。オバマ政権の8年、関与政策の挫折は既に明らかだった。

トランプ政権が関与政策を捨て去って中国への対抗に舵《かじ》を切ったとすれば、バイデン政権は対中強硬姿勢を引き継ぐとともに、インド太平洋において中国に向かい合う国際体制を築いてきた。QUADや米英豪3国による安全保障協力（AUKUS）はその一端に過ぎない。

＊

政治理念でもスタイルでもトランプと対照的なバイデンの厳しい対中姿勢の背景には中国の攻撃的台頭がある。

国防総省が議会に提出した年次報告には、中国が軍民融合戦略に基づいて文民技術と防衛を一体化し、通常兵器はもとより核兵器の高度化を進めていることが指摘されている。香港や新疆ウイグル自治区における組織的な人権抑圧はいうまでもない。中国の政治体制や経済体制により適する形に国際秩序が組み替えられてはならない。アメリカ、そして民主主義と市場経済を共有する西側諸国は、台頭した中国と競合せざるを得ないという認識がそこから生まれる。

関与政策の転換は必要であるが、関与に代わって軍事圧力で臨めば中国の政策が変わるとは限らない。11日に閉幕した6中全会（中国共産党第19期中央委員会第6回全体会議）における歴史決議を見ればわかるように、習近平体制は国内政治における共産党指導部の権力保持を第一として展開しているからだ。北風でも太陽でも変えることができないとすれば、米中の競合は長期化するほかはない。

地球温暖化対策は米中協力が期待される分野であり、COP26（国連気候変動枠組み条約締約国会議）では米中首脳の共同宣言も発表された。だが会議終幕で中国は石炭火力廃絶のために先進諸国と協力することよりも先進国の資金支援に不満を募らせる発展途上国の声を代弁することを選んだ。米中の競合は国連における共通目標の討議にも影を投げかけていた。

競合が長期化して世界に広がるとき、コミュニケーションを保たなければ紛争、いや戦争さえ招きかねない。今回の首脳会談でもコミュニケーションの必要について触れられたとのことだ。競合の克服ではなく、競合の存在を踏まえつつ紛争発生を防ぐことが目的の会談だった。

＊

避けるべき紛争の第一は台湾危機である。CNNが主催した会合で、中国が攻撃を加えた場合にアメリカは台湾を防衛するのかという問いに対してバイデンは、そうだ、アメリカにはそのコミットメントがあると述べた。台湾防衛について明示しない戦略的曖昧《あいまい》性を保つ基本方針から離れたかにも見えるこの発言は侵略を未然に抑止する目的によるものだろう。

確かに中国にとって台湾を先制攻撃するリスクは高い。だが、軍事演習によって力を誇示することは可能であり、台湾空域における中国軍戦闘機の活動は急増していると伝えられている。演習が中台両軍の衝突を招いた場合には中台ばかりでなく米中の交戦にエスカレートする危険は無視できない。

核兵器についても競合が生まれている。中国軍は通常兵器に加えて核戦力を拡大し、核弾頭などを搭載できる極超音速ミサイルの実験を行ったとも報道された。米ロに続く第三の核大国として中国が台頭するとき、米ロ2国を主体とする核兵器削減・管理の枠組みでは対応することができない。

軍事衝突のエスカレートも軍拡競争も、かつての米ソ冷戦では国際政治の日常だった。その日常がいま、米中競合のなかで復活してしまった。アメリカとロシアの緊張を加えて考えるなら、世界規模の冷戦にまで発展する懸念もある。米中首脳会談は、冷戦が熱戦とならないためのわずかな手立てに過ぎない。

（2021年11月17日）

## 「大きな政府」は実現できるのか

日本、アメリカ、中国。この3カ国の政府がいま、経済成長第一から所得分配を重視する政策への転換を訴えている。

安倍政権のシンボルがアベノミクスであったとすれば、首相に就任した岸田文雄氏の標語は、新しい資本主義、あるいは、新しい日本型資本主義だ。先の自民党総裁選において岸田氏は、小泉政権以降の新自由主義的政策の転換を訴えた。政権が発足して直ちにつくられたのが、菅政権が発足させた成長戦略会議に代わる、新しい資本主義実現会議である。

新しい資本主義とは何か。岸田首相はアベノミクスにおける金融緩和・財政出動・成長戦略の3方針を堅持すると述べているだけに、政策の変化を読み取ることは難しい。確かに所得再分配は国民の支持を期待することのできる政策であるが、それでは現在の日本で高度経済成長の再来を考えることはできるのか、また資本主義と日本という国名を結びつける意味がどこにあるのか、わからない点も多い。

＊

それでも、子育て世帯の住宅費や教育費を支援し、看護師、介護福祉士、保育士の所得を上げるなどの政策を見る限り、所得再分配に重点を置いたと考えていいだろう。成長と分配の好循環などと用心深い言葉遣いはしているが、経済が成長すれば分配は後からついてくる、まず必要なのは経済成長だなどというトリクルダウン政策との違いは明らかである。所得分配を主要な政策として掲げるのだから、政策の転換といっていい。

再分配政策の課題は財源であり、財政赤字が拡大する懸念がある。だが、アメリカのバイデン大統領は岸田首相よりさらに大胆だ。政権発足直後に1兆9千億ドルの追加経済対策を実現し、さらに3兆5千億ドルに上る税制・支出法案を提出した。富裕層への増税を含め、富裕層への減税と貧困層への社会的補助の削減を進めてきた共和党政権とはまるで逆の政策である。上院共和党は連邦政府の債務上限を上回る支出として、この法案に抵抗を続けている。

追加経済政策をジョンソン大統領、つまり1960年代以来の積極財政だと自賛したことからもわかるように、バイデン政権は、レーガン政権から続く「小さな政府」に代わって「大きな政府」の復活を試みている（ニクソン政権は「小さな政府」とは呼べない）。政府による市場への介入は最小限とせよとする経済理論に支えられ、ニューディール以後の「大きな政府」と福祉国家が解体に向かって久しいが、40年にわたる流れを反転しようというのである。

成長から分配への政策転換は中国でも起こっている。習近平国家主席は貧富の格差を縮小し国民がみな豊かになる「共同富裕」を訴え、その方法として所得税制度の変更、さらに不動産への課税も検討していると伝えられる。既にアリババを代表として巨大化した情報技術産業が締め付けられ、富裕層への圧迫が厳しい。共産主義を掲げるのだから格差是正は当然にも見えるが、改革開放以後の中国は分配よりも成長を優先した。「共同富裕」は新しい言葉ではないが、分配が中国政府の主要な目標となったことは否定できない。

＊

分配が政策目標となる背景は格差の拡大だ。所得格差を数値で示すことは容易ではないが、30年のタイムスパンで見るならば日米中3カ国ともに貧富の隔たりは拡大してきた。さらに新型コロナウイルスの流行はただでさえ疲弊した貧困層の暮らしに打撃を加えた。格差が拡大すれば各国政府の政治基盤も揺らいでしまう。政治権力の延命のためにも所得再分配は無視できない。

では「大きな政府」が実現できるのか。ここには中国と日米両国の分かれ目がある。所得の格差は強権的に抑え込めるかも知れないが、中国共産党が権力を保持する限り、国家と市民との間に開いた政治権力の格差は開いたままだろう。逆にアメリカでは、巨額の財政支出を行ったところで貧富の差を埋め、中産階級が再生する見込みは小さい。所得の不平等が民主主義と併存する政治を変えることは難しい。

では日本はどうだろう。新しい資本主義の実現を試みたとしても、財政赤字の拡大を覚悟しながら社会保障と税制によって所得再分配を進める方針が示されたわけではない。財政再建と成長戦略を求める圧力のために構想が挫折に終わる危険は大きい。

これまで所得再分配を掲げてきた野党勢力にとって分配を目標に掲げる政府は選挙で戦いにくい。だが、所得再分配を目指す政策の内実を与野党が競い合うことができれば、選挙は政策選択の場になる。これこそが、強権支配と民主主義の違いにほかならない。

（2021年10月20日）

# アフガニスタンをめぐる残酷なゲーム

2001年9月11日に起きた同時多発テロから20年が過ぎた。20年といえば日本の敗戦から最初の東京オリンピックまでの間より長い時間だから、その間に世界が一変しても不思議はない。それでも20年前を振り返ると、現在の世界との違いは残酷なほど鮮明に見えてくる。01年の世界はベルリンの壁が倒されてから12年、ソ連の解体を受けて、議会制民主主義も市場経済も、水が高きから低きに流れるように広がってゆくと当たり前のように語られる時代だった。民主主義と資本主義は、将来の願望ではなく現在世界の普遍的現実だと信じられていた。

現実の民主主義と資本主義は政治と経済の制度であり、国民に責任を負った政府と多数者の豊かな暮らしを実現する可能性がある一方で、エリートによる政治権力の寡占と社会階層の格差拡大を招いてしまう危険もある。だが、アメリカとその同盟国にとって民主主義も資本主義も、世界のどの地域においても誰もが望む制度としての普遍性を持つものとされ、地域固有の文脈から民主主義と資本主義を相対化するような視点が取られることは稀《まれ》だった。

＊

民主主義と資本主義への過信を支えたのは西側諸国の圧倒的な軍事力と経済力だった。ソ連解体後のロシアも経済開放を進める中国もアメリカとの協力を対外政策の中心に据えており、アメリカとその同盟国に対抗する可能性を持つ勢力はイラクのフセイン政権やアフガニスタンのタリバン政権など、中東・北アフリカ・中央アジアに残る少数の専制支配か、非国家のテロ集団に限られていた。同時多発テロが起きるまでは、アメリカ本土の人々を殺戮《さつりく》する規模のテロ攻撃の可能性は指摘されることはあっても重視されなかったこともつけくわえるべきだろう。

3千人に近い犠牲者を生んだ同時多発テロに対してブッシュ大統領は対テロ戦争を訴え、アフガニスタンに介入する。介入の目的はテロを引き起こしたアルカイダの打倒であり、間違っても民主化ではない。だがタリバン政権を倒した後に新たな政治体制を打ち立てる必要はあった。アメリカ本土の安全を図るための介入は、安定した自由な国家をアフガニスタンに築くという巨大なプロジェクトに変容する。

力の過信と言うほかはない。さらにアメリカは、アフガニスタン侵攻からさして間を置かず、しかもアルカイダ攻略がまだ難航するなかでイラク介入を計画した。フセイン政権の打倒を目指したこの介入が政治体制の転覆、レジーム・チェンジを目標としたことは疑いを容《い》れない。アメリカは自ら望んで二つの戦争を始めたのである。

01年のアメリカがどれほどその力を過信していたか、改めて驚かされる。以前私は、アメリカにおける力の集中とデモクラシーの奇怪な結合を『デモクラシーの帝国』として論じたことがある。そしてアフガニスタンとイラク介入後のアメリカは、力の過信の代償を払うことを強いられた。

タリバンやフセイン政権の主力部隊は数週間のうちに倒されたものの、戦闘後の体制構築は失敗に終わり、アフガニスタンでは腐敗した上に国外の支援なしには成り立たない政府が生まれ、イラクではイランとの連携が強いシーア派中心の政府が生まれたばかりか、いわゆる「イスラム国」の台頭による熾烈《しれつ》なテロと戦争が発生する。

*

他方、01年には対米協調で一致していた中国とロシアは、対米協調から競合と対立に舵を切る。自由世界の統合などという幻想は霧消し、アメリカと中ロ両国の対立を基軸とする冷戦を想起させるような時代が始まった。バイデン政権によるアフガニスタン撤退も、米軍の犠牲を最小限にするとともに対中・対ロ抑止力を強化する目的から行われた。ここに見られるのはリベラルな国際秩序の構築ではなく、伝統的なヨーロッパ国際政治でお馴染《なじ》みのリアリズムだ。民主主義の拡大という過大な目標を実現できなかったアメリカは、中ロ両国との対抗の中で、古典的なリアリズムに回帰した。

私は民主主義も資本主義も普遍性があると考える。だが同時に、民主主義も資本主義もそのあり方が地域によって大きく異なり、国外から圧力を加えれば構築ができるような制度ではないと考える。地域文脈性と力の限界を無視したリベラリズムは現実から離れたイデオロギーであり、結果として覇権の後退を招いてしまう。

この残酷なゲームはまだ終わっていない。アフガニスタン米軍撤退が無残な結果に終わったことは指摘するまでもないが、撤退後にどのような政府がつくられるのか、またアフガニスタンの混乱が周辺地域にどのように波及するのかという課題が残っている。20年間の戦争によってアメリカは自分の首を絞めてしまった。

（2021年9月15日）

## 中村哲氏という微かな光

米軍のアフガニスタン撤退は無残な結果に終わった。多国籍軍の駐留の下につくられたアフガニスタン政府軍は、イスラム急進勢力タリバンによる攻勢を前に、消えてしまった。消えたのは政府も同じだ。国際社会の支援によりアフガニスタンに民主政治が実現したというイメージは政治不安と腐敗のために突き崩されて久しいが、タリバンのカブール進軍が伝えられるのと前後してガニ大統領は国外に脱出した。軍も政府も、雪でつくった花輪のように溶けてなくなった。

この事態を招いた直接の理由は、和平合意なき米軍撤退だ。米軍撤退の前提はアフガニスタン政府とタリバンとの間の和平合意だった。合意なしの撤退が不安定を招く懸念から、トランプ前政権は和平合意の実現を模索した。

だがタリバンがアフガニスタン政府との交渉を拒み、和平協議は難航する。2021年7月初めには協議の破綻《はたん》は明らかであったが、バイデン政権は撤退を延期せず、8月末の完全撤退を強行した。米軍の庇護《ひご》を失ったアフガニスタン政府と国軍はタリバンを前に敗走を続けた。

＊

米軍撤退後のアフガニスタン国民は、タリバンのつくる新政権に向かい合うほかに選択はない。タリバンの報道担当者は女性の権利を尊重すると述べたが、約束が守られる保証はなく、人権、ことに女性の権利が奪われる可能性は高い。アフガニスタンはアメリカに見捨てられたのである。

もっとも、米軍撤退がロシア、あるいは中国の台頭を招くと考えるのは早計だ。タリバンは多様な集団から構成され、外国政府の指揮に従った行動を期待することは難しい。国内にイスラム教徒との対立を抱えるロシア・中国にとって、イスラム急進勢力であるタリバンは潜在的には脅威としての側面も持っている。中ロ両国はアメリカの後退を歓迎しつつも、タリバンとの関係強化には慎重姿勢を保つ可能性が高い。

米軍撤退がアメリカの世界全体における影響力後退を招くとも限らない。バイデン政権がアフガニスタン撤退を急いだ背景には、泥沼となった地域介入から米軍を引き揚げ、中国とロシアに対する軍事的抑止力を強化するという戦略があった。抑止のための撤退といえば矛盾して響くが、この戦略はＮＡＴＯ諸国や日本も支持しているだけに、アフガニスタン撤退後も同盟諸国は対米協力を維持することだろう。

米軍の駐留が続けばアフガニスタンの平和と民主主義が実現したとも考えられない。多国籍軍の介入がタリバン支配を倒した後に女性教育拡大などの社会革新が生まれたことは否定できないが、その革新はアメリカとその同盟国という、アフガニスタン国民に政治責任を負わない国外勢力に頼るものだった。外国の軍事力と富への依存が続く限り、国際介入によって安定した民主政府をつくることは難しい。

そもそもアフガニスタン介入の目的は民主化ではなかった。２００1年9月の同時多発テロ事件を企てたアルカイダを倒すため、アルカイダの活動を認めてきたタリバンとの戦争が始まったのである。テロ以前にアメリカがタリバンによる人権侵害や虐殺に立ち向かうことはなかった。

私はタリバンに幻想を持っていない。権力掌握後、新たな暴力と抑圧が生まれるのだろう。だが、ソ連撤退後のアフガニスタンの破滅的な混乱の中でタリバンが生まれ、勢力を築いたことも忘れてはならない。

＊

1979年の侵攻後、ソ連軍は89年までアフガニスタンに駐留した。2001年から21年までの多国籍軍と合計すれば30年に及ぶ戦乱である。侵略国はその利益と観念に寄り添う統治を模索したが挫折し、やがてアフガニスタンを見捨ててしまった。

侵略者の民主主義もタリバンも信用できない。

では、何ができるのか。ひとりの日本人の姿が浮かぶ。難民医療と用水路建設に文字通り命を捧げた医師、中村哲氏である。

ペシャワール会の会報で中村氏は「アフガニスタンでは、異を唱える者がテロリストの烙《らく》印《いん》を押され、容赦なく抹殺されていきました」と「対テロ戦争」を批判し、日本が「アフガニスタンを破壊した同盟者にならぬことを願うばかりです」と書いている。

ここにはチェスボードのような軍事戦略も民主化への過信もない。あるのは一人でも多くの生命を救おうという中村氏の志だけである。

微《かす》かな光には違いない。中村氏はアフガニスタンで兇弾《きょうだん》に倒れた。タリバンの権力回復と国内治安の悪化は、ペシャワール会の活動をさらに難しくするだろう。それでも、この地点に立たなければ、平和を語ることはできない。

（2021年8月18日）

## 気候変動への対処はスローガンではない

いまの世界ですぐ着手しなければならない課題は何だろうか。それは気候変動への対処だ、と私は考える。

地球環境の温暖化は事実なのか、ほんとうに起こっているのかなどと疑う余地は既に失われた。アメリカやオーストラリアの山火事、カナダなどの異常な気温上昇、日本各地の大型台風や集中豪雨による被害など、気候の変化が私たちの日常生活を脅かしているからだ。

地球温暖化に警鐘を鳴らしてきた指導者のひとりがドイツのメルケル首相である。2021年7月、ドイツを襲った河川氾濫《はんらん》と洪水の現場を訪れたメルケルは、この被害を形容する言葉はドイツ語にないと述べた後、気候変動との戦いを急がなければならないと呼びかけた。降雨の背景に気候変動による気温上昇があるという認識である。

もちろんすべての自然災害を地球温暖化と結びつけることはできない。災厄の原因を気候変動だけに求めるなら治水の不備などが招いた人災から目を背けることにもなりかねない。それでもなお、地球環境の温暖化が人間生活の基本的な条件を壊していることは否定できない。

＊

私が専門としているのは国際政治、それも平和・安全保障を中心とする国際関係であり、このコラムでも米中関係の緊張などごく古典的な国際紛争について取り上げてきた。だから地球環境は専門ではないのだが、地球温暖化は、武力行使を伴う戦闘と優に匹敵する被害を世界各地にもたらしている。これは国際紛争の専門家だからといって無視してよい現実ではない。

その一例にアフガニスタンを挙げることができる。アメリカのバイデン政権はアフガニスタン撤退を進め、21年8月には完全撤兵を行うと発表した。同時多発テロ事件直後の多国籍軍による軍事介入から20年、タリバンの支配が各地に及ぶ中での撤退だから事実上の敗戦であるが、ここで注目したいのは内戦や軍事介入ばかりでなく、干ばつがアフガニスタンに繰り返し襲いかかり、人々の生活を破壊してきたことだ。

大気環境学・気象学が専門の河野仁・兵庫県立大学名誉教授によれば、アフガニスタンの干ばつを引き起こしたのは地球温暖化の影響を受けた急激な気温上昇と春の降雪量減少に伴う山の残雪喪失、春の降雨減少、気温上昇による蒸発散量の増加という三つの要因だ。アフガニスタンの人々はタリバンの支配や大国の軍事介入に加え、地球環境の温暖化によって暮らしの安全を奪われたのである。

2019年、銃撃により非業の死を遂げた中村哲氏が力を注いだのは、アフガニスタン難民の医療に加えて、灌漑《かんがい》事業であった。水を確保することによって人々の命を救う。和平合意や兵力撤退と異なる形ではあるが、平和構築のひとつの形を見ることができる。

＊

温室効果ガス排出を削減しようとすれば自動車や航空機など現在の社会生活で当然のように用いられる輸送手段を変える必要がある。ここからもわかるように、気候変動に対応するためには大量に資源を消費する経済から循環型経済への転換と持続可能な社会の実現が必要であり、目標達成のためには多大のコストを負担することを覚悟しなければならない。そして、社会変革のために必要とされる厖大《ぼうだい》なコストのため、地球環境の危機は広く認識されながら、各国政府の政策対応は遅れがちであった。

気候変動の影響が拡大するとともに、地球環境への取り組みの優先順位は高まった。さらに言えば、二酸化炭素排出量の削減だけが温暖化への取り組みではない。中村哲氏の努力に見られるように、温暖化阻止ばかりでなく、既に進行している気候変動がもたらす被害を最小限に抑える努力も必要だからだ。

学術研究も変わってきた。私が勤める東京大学未来ビジョン研究センターでは地球環境変動と紛争に関する共同研究を進め、このコラムもその研究に負っている。20年にはグローバル・コモンズ・センターを開設し、人類が環境を変えてしまった時代、すなわち人新世を考え直す試みを続けている。危機にあるからこそ学術知を集約しなければならない。

アメリカがパリ協定に復帰し、主要7カ国首脳会議（G7サミット）は気候変動への対処を提言、日本政府も温室効果ガスの排出を2050年に実質ゼロとする方針を打ち出した。望ましい変化だが、温暖化への取り組みがかけ声で終わっては意味がない。気候変動を抑制するコストを自覚した上で、温暖化が現に招いている被害を少しでも減らす。政治空間で消費されるスローガンとは無縁の、まさに中村哲氏が取り組んだような地味で苦しい作業が残されている。

（2021年7月21日）

## 恒常化する世界の分断

バイデン政権の下で世界の先進諸国は対中強硬策を共有しようとしている。中国台頭を前にしたこの選択は合理的で、必要でさえあるが、もたらす結果は米中対立を軸とした長期的な世界の分断である。矛盾に満ちた国際政治の構図を読み解いてみよう。

G7サミットの議題が対中関係だけだったわけではない。トランプ政権下ではアメリカとヨーロッパとの隔たりがあからさまな会議が続いただけに、今回のサミットはアメリカが多国間協調路線に復帰し、主要先進国との連携を示すことが課題だった。

70項目に上る長文の首脳宣言にはパンデミックへの世界的対応、世界経済再生への選択、地球環境温暖化に立ち向かう一連の施策からジェンダーの平等に至る数多くの訴えが並んでいる。ここに示されるのはリベラルな政治体制を共有する諸国の協調、マルチラテラリズムの復活である。

＊

だがリベラルな国際協調の裏側には、リベラリズムとは相容れない諸国との明確な対抗があった。先に行われたG7外相会議を踏まえ、サミットの首脳宣言は、新疆ウイグル自治区での基本的自由や人権、香港の高度な自治の尊重を求め、台湾海峡の平和と安定の重要性を強調し、強制労働についても新疆ウイグルとの明言は避けつつサプライチェーンからの排除を求めている。

香港、台湾、強制労働、どれをとっても中国政府が世界各国の関与を拒んできた課題である。サミットにおける人権と経済を始めとしたグローバルな諸課題における国際的連帯は、中国への警戒と対抗の共有でもあった。その後のNATO首脳会議でも中国とロシアへの対抗が鮮明に打ち出されている。

主要先進国が対中警戒で一致するのは新しい展開である。日本を始めとする東アジア地域における中国脅威論は今に始まったことではないが、東アジアから地理的に離れたヨーロッパ諸国では中国よりもロシアへの警戒が強く、経済成長の与える機会への期待のために対中政策は微温的であった。またトランプ政権の下のアメリカは中国への圧力を強めたが、中国における人権問題への関心は限られ、国防費や米軍駐留経費負担などを巡って同盟諸国の結束が弱まっていた。

バイデン大統領はアメリカの単独行動ではなく同盟国・友好国の結束を求め、国際体制の見直しではなくその強化を模索している。今回のG7サミット、NATO首脳会議、さらにEU首脳会議への参加はアメリカの主導する国際協調を再建する試みだ。そして、この国際体制の担い手はリベラルな政治制度と経済体制を共有する諸国に限られている。多国間協調と国際連帯を確保した上でリベラルな体制を脅かす中国とロシアに立ち向かおうというのである。

＊

国際連帯には限界もある。今回のG7やNATO首脳会議では、アメリカやイギリスとドイツやフランスとの間には、どこまで中国に対抗するのか、政策の距離が認められた。とはいえアメリカも、軍事介入によって香港や新疆ウイグルを解放すると言っているわけではない。政策の基本はあくまで中国における人権侵害や軍事的覇権への懸念の共有であり、軍事的には抑止力の強化が目的だ。そして逆説的になるが、介入ではなく抑止が重点だからこそ各国の賛同を得やすく、長期の国際連携を支えることも可能となる。

私は、リベラルな価値と制度を共有する諸国における国際協調は適切な政策であると考える。同時に、このような政策が中国政府の政策転換を引き起こす可能性はごく少ないとも考える。

トランプ政権の関税引き上げについては妥協を模索した中国も、一帯一路戦略は精力的に展開し、南沙・西沙諸島などにおける勢力圏の確保と拡大が続いた。サミット参加国やアメリカの同盟諸国が連携を強化したところでこの展開が変わるとは考えにくい。まして香港や新疆ウイグルにおける人権抑圧や強制労働は中国から見れば国内問題であり、国際問題とされること自体への反発が続く結果に終わるだろう。

ここにあるのは、アメリカを中心とする「西側」諸国と中国・ロシアを中心とする「東側」諸国が不寛容に対峙《たいじ》するという国際政治の構図である。双方が軍事介入ではなく抑止、そして勢力圏の維持を図るとき、仮に戦争は起こらなくとも、世界の分断は恒常化してしまう。地球環境の保全などのグローバルな課題については「西側」と「東側」が協力する場面もあるだろうが、それが世界の分断を克服する機会となる可能性は低い。

国際協調の再建が世界の分断を招いてしまう。そんな世界に私たちは生きている。

（2021年6月16日）

## パレスチナ紛争――二国家解決のほかに解決はない

どちらの犠牲者と自分を一体化して見るか、そして戦う勢力のどちらに視点を置くかによって戦争は違う顔を見せる。パレスチナ紛争はその残酷な一例である。

東エルサレムのパレスチナ居住者とユダヤ人入植者との対立が暴力事件に発展した4月13日からひと月余り、イスラエル・パレスチナ地域は戦争状況に陥った。ガザ地区からイスラエルにロケット弾が次々に撃ち込まれ、イスラエル軍はガザへの大規模空爆を繰り返す。エジプトなどによる調停も失敗し、停戦合意はほど遠い。

テレビは、イスラエル軍のガザ空爆を映していた。倒壊した住宅を前にする人々、夜空の向こうに見える炎と煙、通信社の入居する建築の破壊、なによりも多くの児童を含む数多くの遺体。その映像を前にして私は、パレスチナの犠牲者の視点からパレスチナ紛争を見ずにはいられなかった。

別の映像は、イスラム組織ハマスの発射したロケット弾がテルアビブに着弾した光景だった。犠牲者は比較にならないほどガザの方が数多いが、自分の住まいにロケット弾が撃ち込まれてはたまらない。そのとき私は、イスラエルに住むユダヤ人の視点からこの紛争を見ていた。

＊

どちらかに割り切ることはできる。パレスチナ人はイスラエルによって住む土地を追われ、イスラエル軍の圧倒的な力を前に自由も安全も奪われた側ではないか。あるいは、何世紀もの迫害と大量殺戮《さつりく》の犠牲となったユダヤ人は、やっと祖国に戻りながら暴力行使を辞さないテロ組織や国家によって安全を脅かされているではないか。パレスチナ、あるいはイスラエルの視点と自分を重ね合わせ、相手をテロ組織と切って捨ててしまう。思考の単純化だ。

目を背けることはもっと簡単だ。ユダヤ人とパレスチナ人はこれまでもずっと対立してきた、そういう人たちなんだと決めつけ、パレスチナ紛争を頭から追い払う。これは思考の詐術だろう。

私は、このような考え方に賛成できない。戦争から目を背けるのは論外としても、犠牲者を、そして戦争の主体を選んで戦争を見ることは、現実分析としても倫理的にも誤りだからである。

ガザ地区を実効支配するハマスはイスラエルとパレスチナ解放機構（PLO）との和平に反対し、イスラエル支配を武力で覆そうとし、アメリカやEUがテロ組織と認定した勢力である。イスラエルのガザ空爆がどれほどの犠牲を生み出したとしてもハマスのイスラエル攻撃を正当化することはできない。

また、イスラエルのネタニヤフ首相はユダヤ人入植者によるパレスチナ居住者排除を認めてきた急進派だ。ハマスによるロケット弾攻撃がどれほど無法な暴力であるとしても、今回ガザ地区で行われている空爆はイスラエルに加えられた暴力の規模をはるかに凌駕《りょうが》しており、自衛権の行使として正当化する余地のない残虐な暴力である。

ハマスもネタニヤフ政権も、相手の存在そのものを認めていない。そればかりか、相手が自分たちの存在を認めないことを理由として相手に対する最大限の暴力行使を正当化している。この構図が続く限り、パレスチナ紛争に出口はない。

*

パレスチナ紛争の背後にはネタニヤフ首相を巡るイスラエルの政治対立と分断、さらにパレスチナ自治政府の非力と腐敗という双方内部の矛盾がある。イスラエル人すべてはネタニヤフ支持者ではなく、パレスチナ人すべてがハマスを支持しているわけではない。だが、現在の紛争拡大は双方の急進派の勢いを強めている。

では出口はあるのか。まず、ハマスとネタニヤフ政権の停戦が直ちに、文字通り直ちに必要だ。さらにパレスチナ国家とイスラエル国家の相互承認を軸とする、いわゆる二国家解決の方針を確認しなければならない。二国家解決を否定するハマスとネタニヤフ政権が生み出した暴力の連鎖を、いま断ち切らなければならない。

双方の停戦合意を促す鍵を握るのは、これまでイスラエル政府の立場を支持してきたアメリカの政策転換である。アメリカがハマスばかりでなくイスラエルの軍事行動を批判し、国連安保理の決議を経て停戦合意を主導し、二国家解決の確認をイスラエル政府とパレスチナ自治政府に改めて求める。オバマ政権が実現できなかったパレスチナ和平の再建である。困難な政策転換だが、ほかの選択はない。

交戦勢力双方が自滅的な行動を続けるとき、どちらかの立場を選択すれば戦争の現実的な認識は失われる。第三者の視点から紛争を捉えた新たな選択肢が必要なのはその時である。

（2021年5月19日）

# 米中競合――出口はどこにあるのか

バイデン外交の展開が速い。3月のこのコラムで、バイデン政権はアメリカと同盟国の結束を確保して中国とロシアに立ち向かおうとしていると書いたが、それからひと月、中ロ、特に中国への対抗が先鋭的に示されている。

アンカレジで行われた米中外交トップレベル会談はブリンケン国務長官と楊潔篪共産党政治局員が記者を前にして両国の立場を相手にぶつけ合い、外交協議どころか両国の対立を見せつけるような場になった。

菅義偉首相が訪米して行われた日米首脳会談でも、共同声明では台湾海峡の平和と安定の重要性と香港と新疆ウイグル自治区の人権状況への懸念が指摘され、会談後の記者発表では日米安保条約第5条が尖閣諸島に適用されることを確認したと述べられた。台湾、新疆ウイグル、尖閣と、中国政府との争点がここまで並んだ首脳会談は珍しい。

＊

バイデンが大統領になればアメリカは中国に宥和《ゆうわ》的になるだろうと予測する声もあったが、その予測の誤りは既に明らかだ。バイデン政権がトランプ政権の対中政策を引き継いだと考えることもできない。トランプは中国への軍事的対抗よりも貿易不均衡是正を優先し、香港や新疆ウイグルなど人権侵害に対する関心も限られていた。バイデンは中国の対外的軍事拡大と国内における人権弾圧の両方に懸念を示し、対抗手段として同盟国の結束を求めている。トランプとの違いは明らかだ。

これまで日本政府はアメリカの対中政策を全面的に支持していたわけではない。オバマ政権が中国に弱い、圧力が乏しいという批判は当時から聞かれた。トランプ政権についても、日本では中国の経済的台頭よりも軍事的拡大への懸念の方が強く、貿易圧力を優先するアメリカとの間にズレがあった。その点、バイデン政権の対中政策は日本政府の立場に近いといってよい。自由で安全な世界という視点から見るなら、人民解放軍の外洋展開を始めとする中国の軍事的拡大も、中国共産党による厳しい人権抑圧も、ともに受け入れることはできない。同盟国・友好国と協力して中国に対抗するバイデン政権の姿勢は基本的に支持できる。

問題は、そのような対中政策によって中国の政策が変わるのかという一点にある。レトリックはともかく実際の外交において、これまでの中国政府は対米政策を外交の中心に据え、アメリカが中国の脅威とならない状況をつくることに腐心してきた。トランプ政権についても、貿易圧力を前にした中国は、最終的には譲歩し、米中貿易合意が生まれた。ところがバイデン政権を前にした中国政府には米中関係を第一とする視点がない。

なぜだろうか。中国が既に軍事大国となり、まず、中国は従来のようにはアメリカを軍事的脅威と見ていない。バイデン政権がどれほど中国を批判しても政策の内実は対中抑止力の強化であり、中国に対して実際に武力行使に訴える可能性は限られている。米中貿易紛争が続けば中国経済にも打撃は生じるが、戦争さえ起こらなければ抑止力強化が中国に与える影響は少ない。

さらにバイデン政権が展開した台湾海峡の安全と人権弾圧への批判は、中国から見れば内政干渉そのものであり、南沙・西沙諸島の領有権や対中貿易の不均衡などの諸問題以上に譲ることができない課題である。中国の視点から見るならば、バイデン政権が圧力を加えても中国が譲らないのは当然だということになる。

＊

バイデン政権の立場はかつて反共十字軍などと呼ばれた冷戦期のタカ派とは異なるが、米中対立が恒常化するなかで同盟強化だけを進めるなら、冷戦時代のような世界的な封じ込めが実現する。アメリカと同盟国が台湾有事を想定した軍事協力と演習を進め、「一つの中国」路線を譲らない中国も台湾海峡に力を集中するなら大規模な戦争が生まれる危険もある。

では、出口はどこにあるのか。

中国と他の諸国が対立よりも協力を選ぶのは、対立を続けるなら共倒れとなる危険の高い領域である。その代表が地球環境と貿易体制だろう。地球環境の悪化を放置するリスクはいうまでもない。また軍事的には日米ばかりでなくＮＡＴＯ諸国からも脅威と見なされる中国も、世界的な工業生産のネットワーク、さらに貿易相手国としては無視することのできない存在である。実際日本は、軍事では中国を警戒しつつ、環境保全と多角的貿易については中国と協力する機会を常に探ってきた。

同盟強化と地球環境保護については方針をいち早く打ち出したバイデン政権だが、貿易政策の指針はまだ出されていない。中国も参加する貿易体制をどうつくるのか。それがバイデン外交に残された課題である。

（２０２１年4月21日）

## バイデン外交は何をなすべきか

発足から２カ月を迎えるバイデン政権は、内政で成果を上げた。

新型コロナウイルスについてはワクチン供給と接種を進める一方、国民１人あたり１４００ドルの直接給付を含む１兆９千億ドルの追加経済対策法案を議会に提出し、可決された。法案に署名したバイデン大統領は、勤労者を第一とする政策として１９６０年代以来のものだと誇った。

積極的な財政支出はコロナ対策を目的とする時限措置であり、コロナ収束後の財政政策はまだわからない。失業率は高いとはいえ高株価が続くなかで積極財政をとればバブルとインフレを招く懸念もあるだろう。それでも、レーガン政権以来ほぼ続いてきた小さな政府と減税という路線を逆転した意味は大きい。

では外交政策はどうだろうか。前政権と異なるのは、外交の担い手だ。トランプ政権では大統領が専門家の提案を覆し、国務・国防長官などの解任を繰り返した。これに対してバイデン政権ではブリンケン国務長官、オースティン国防長官、サリバン安全保障担当補佐官などの政策専門家が対外政策を主導している。個人の外交から政策プロの外交への変化である。

＊

外交政策の中心は同盟の再生だ。トランプは同盟国の防衛費増額を要求し、NATOにおけるアメリカとヨーロッパ諸国の亀裂を生み、駐留米軍の費用分担を主な原因として米韓関係も動揺した。バイデン政権の課題は、動揺する同盟諸国の信頼再構築だった。

2月19日に開かれたミュンヘン安全保障会議に遠隔参加したバイデンは、ヨーロッパのパートナーとの協力を強く訴えた。さらにロシアのプーチン大統領はNATOの弱体化を図っていると批判し、中国についても経済的な横暴は押し返さなければならないと述べた。東西対立を求めるものではないとクギはさしているが、米欧同盟の再結束を求めるメッセージは明確である。

アジアについても同盟諸国との協力を重視している。QUADは初めての首脳会議を開催した。ブリンケン国務長官とオースティン国防長官はアジアを訪問し、日本と韓国で外務・国防のトップによる安全保障協議委員会（2+2）が相次いで開催されているところだ。

同盟協力の反面がロシア・中国との対抗である。トランプが反中、バイデンは親中という単純化は正当ではない。問題は親中か反中かではなく、同盟強化がロシアや中国の政策を変える効果を持つのかという点にある。

中国は変わるどころか国内では共産党支配を徹底し、対外政策も強硬姿勢を崩していない。3月11日に閉幕した中国の全国人民代表大会は香港の選挙制度を変更して民主派を実質的に排除した。アメリカに匹敵する海軍力を擁するに至った人民解放軍は外洋展開を続け、海陸の勢力圏をこれまで以上に確固たるものとした。ロシアは国内政治を締めつけ、サイバー攻撃によって欧米諸国の政治を左右する一方、新世代の核兵器開発を進めている。

＊

同盟諸国の結束だけでは中国とロシアの政策を変えることはできない。同盟は、相手の侵略に対する抑止力になることはあっても、相手の行動を変える力になるとは限らないからである。

地域紛争への対応も問われるところだ。イランについてバイデン政権はトランプ政権が脱退した6カ国核合意に復帰する方針を表明した。だが米国復帰の条件として経済制裁の解除を求めるイランとの隔たりは大きく、核合意復活の展望は見えない。また、バイデン政権が撤退を決めたイエメンでは、イランの支援するフーシ派の活動が強まったとも伝えられている。

2001年から20年間にわたって米軍介入が続くアフガニスタンでは、トランプが米軍撤退方針を発表し、撤退期限が5月1日に迫っている。しかしタリバンとアフガン政府の対立は厳しく、アメリカ主導の和平協議は停滞する一方、ロシア政府の和平提案はアフガニスタンと国境を接する中国やイランの支持を集めている。

ここには、地域紛争においてアメリカではなくロシアと中国の役割が拡大する構図がある。これも同盟強化だけでは打開できない。アメリカはバイデン政権の求めるような国際的リーダーシップの回復ではなく、影響力の後退に向かう可能性が高い。

アメリカが同盟国との連携を重視することは日本にとっては望ましいが、同盟だけでは中ロ両国の政策転換を期待できないうえ、地域紛争における外交の重心はアメリカからロシアと中国に移ろうとしている。それでは冷戦時代における優位を失ったアメリカのもとで冷戦のような東西対立が固定化する事態をどう回避できるのか。これがバイデン外交の課題である。

（2021年3月17日）

## ミャンマーのクーデターにどう対応すべきか

ミャンマー国軍がアウンサンスーチー国家顧問とウィンミン大統領の身柄を拘束してから2週間余りが経った。旧首都ヤンゴンなど各地で抗議デモが連日続くなか、軍は装甲車と兵士を市街地に展開したと伝えられている。

1986年2月、ピープルパワー革命によるフィリピンのマルコス政権崩壊は、東南アジアばかりでなく世界的にも民主化へのうねりを告げる事件だった。翌年には韓国、6年後にはタイの軍政、さらに98年にはインドネシアのスハルト政権が崩壊する。アジア地域における権威主義体制は消えてゆくかに見えた。

強権支配が残されたひとつはミャンマーだった。88年以後に民主化運動が広がり、90年総選挙ではアウンサンスーチーを指導者とする国民民主連盟（NLD）が圧勝したものの軍は選挙を無視して独裁を強化したのである。そのミャンマーでも２０１１年に民政移管が実現し、軍は15年選挙で勝利を収めたＮＬＤに権力を移譲した。08年憲法が軍に大きな権力を認めているだけに民主政治とは呼べないが、その歩みは始まったという期待があった。

＊

ＮＬＤ政権は非効率と腐敗に悩まされ、軍が実質的に保持する権力も明らかだった。だが、世論のＮＬＤ支持は強く、20年11月の総選挙でも圧勝、軍と直結した連邦団結発展党（ＵＳＤＰ）は惨敗した。選挙によって支持を集めることのできない軍の焦りがクーデターの背景にあった。

クーデターに対して欧米諸国で議論されているのが経済制裁の再開である。03年にアメリカの加えた経済制裁が軍に民政移管を認めさせた背景にあった。16年の制裁解除後、少数民族ロヒンギャに対する迫害が50万に上る難民を生み出すと、限定的とはいえ欧米諸国は経済制裁を再開した。今回のクーデター後にもアメリカはクーデター首謀者の資産凍結などの措置に踏み切った。

経済制裁には限界がある。まず、ミャンマー国軍が行動を変えるとは限らない。かつてのような全面的経済制裁に踏み切るならば国民生活に打撃を加えてしまう。さらに制裁再開がこれまで以上にミャンマーを中国との関係強化に追いやる懸念もある。

ミャンマーはインド洋からエネルギーを輸送する要路にあるだけに経済的にも軍事的にも中国にとっては極めて重要であり、中国政府は新首都ネピドーの建設を始めとする庞大なインフラストラクチャー支援によって両国の関係強化に腐心してきた。いち早くクーデターを非難したバイデン新政権やEUと異なり、中国は政治的・社会的安定の保持を求めるにとどまった。欧米諸国との対比は明らかだ。

＊

とはいえ、中国の戦略などという地政学の視点ばかりからミャンマー情勢を考えることには賛成できない。現在の問題は、民主政治を壊してでも権力保持を図るミャンマー国軍と、非武装でありながら軍に立ち向かう国民との対峙だからである。

クーデター直後の抗議はソーシャルメディアを中心に発信され、集会の規模は必ずしも大きくなかった。弾圧を恐れる以上は当然だが、次第に参加者は増大し、2月6日に軍がインターネット接続を遮断すると規模はさらに拡大した。2月12日には数十万人が抗議に加わったと伝えられている。

だが弾圧も加速し、実弾による死者も出た。2月15日に欧米諸国の在ミャンマー大使館が平和的抗議への力の行使の回避を求める声明を行ったが、これはさらに大規模な流血事件の恐れが高まる危機感の現れだろう。

軍への明確なメッセージをいま伝えなければ、ミャンマーは圧政に戻ってしまう。ミャンマーばかりではない。アラブの春は独裁回帰や内戦に終わり、ロシアやトルコの指導者が権力を集中し、中国では強権支配がさらに強まった。民主化のうねりが独裁へのうねりに反転した世界だからこそ、軍に立ち向かうミャンマー国民を見捨ててはならない。

では何ができるのか。私は、日本がミャンマーへの経済援助を見直すことを提案したい。中国を別とすればミャンマーとの経済協力で抜きんでているだけに日本が援助を見直す影響は大きい。即時全面停止ではない。国民生活への影響を最小限にするようどの援助を停止するかを判断すべきだろう。

これまで日本は制裁よりも経済協力を重視し、それによって信頼を築いてきた。援助を見直せばその信頼を失い、ミャンマーと中国のつながりを強める結果も招きかねない。その懸念を承知の上で敢《あ》えて見直しを提案する理由は、日本は軍を支えるのか、ミャンマー国民と連帯するのかという選択がいま問われているからである。ミャンマー国軍を国民よりも優先することがあってはならない。

（2021年2月17日）

## トランプ敗北後に残るトランプ支持者

自分の首を絞めるような政権の終わりだった。

2021年1月20日のコラムを書いたのは、トランプ陣営による不正選挙の訴えが裁判所からほぼすべて却下された後だった。証拠と呼べるような証拠が提示されなかったのだから当然だが、トランプが次に何をするのかはわからなかった。

トランプは大統領職に最後までしがみついた。ジョージア州上院選決選投票で応援に駆けつけながら演説は選挙不正に終始し、2議席を失った。上下両院合同会議において選挙人承認を排除するようペンス副大統領に求め、要請を拒まれるとホワイトハウス前の群衆に議事堂への行進を呼びかけた。

トランプは議事堂に入るために暴力を使えという発言は行っていない。それでも、議会によるバイデン承認を阻むことを目的として議事堂集結を群衆にけしかけたことには疑いがない。民主政治の手続きを踏まえない大衆的な圧力の行使を現職の大統領が促したのである。呼びかけに応じた群衆は議事堂に向かい、その一部は暴力を使って乱入した。

死傷者も生まれたこの事件は、トランプの政治的影響力に決定的な打撃を与えた。再開された上下両院合同会議は正式にバイデンを次期大統領として承認し、その後に下院は2度目の大統領弾劾《だんがい》決議を行う。大統領に留任するためには手段を選ばなかったトランプも民主政治の制度と手続きを覆すことはできず、逆に民主政治を否定する者という烙印を押されたのである。

*

トランプは自滅した。だが、トランプを支持した人々は残っている。

2020年大統領選挙は、民主党、あるいはバイデン候補の勝利というよりは、トランプ政権への不信任投票だった。問題は、過半数に及ばなかったとはいえなぜトランプが7400万人を超えるアメリカ国民の支持を集めたのかという点にある。

アメリカ社会の特徴でもあったミドルクラスが両極分解したことがまず挙げられるだろう。過去40年の間、アメリカ社会の経済格差が拡大し、ことに中位層における所得の伸びが低迷したことは広く指摘されている。所得が停滞するなかで雇用を奪われることを恐れた有権者が移民流入と自由貿易に反発するという構図は、アメリカばかりでなく欧米諸国におけるポピュリズムにおいても一般的なものだ。グローバリズムへの反発と自国優位のナショナリズムの根底にはミドルクラスの分解があった。

アメリカ政治社会の分断にも目を向けなければならない。少なくとも1990年代以来、アメリカの政治社会は大都市・多人種多民族の民主党地域と白人を主とする小都市農村の共和党地域に分かれてきた。アメリカは人種、民族構成、政党支持の異なる二つの地域に割れてしまった。

トランプ政権はこの分断のなかから生まれ、分断を加速した。黒人男性が警官の暴力のために亡くなったあと抗議行動が全米に拡大したが、トランプは人種ではなく法と秩序の問題という視点を崩さなかった。トランプを支持しない者にとってこの視点は人種差別であるが、支持者から見れば抗議行動が法と秩序を脅かす暴力にほかならない。

＊

メディアの変化がミドルクラスの分解と政治社会の分断を固定化してしまった。アメリカのマスメディアはメインストリームとフォックス・ニュースなど保守メディアに分かれて久しいが、ツイッターやフェイスブックを始めとするソーシャル・メディアによって、自分の賛成する議論や言葉ばかりを選ぶことのできる言語空間が生まれた。お風呂につかるように耳あたりのよい言葉にはまり込む空間である。

トランプの最大の武器はツイッターだった。公然とウソをつき、そのウソが暴露されたら相手を嘘《うそ》つき呼ばわりするというトランプが繰り返してきた行動は責任ある統治とはとてもいえないが、トランプ支持者にはトランプを非難する側こそがウソばかり並べているように聞こえることになる。

ほんとうとウソの違いが信条や立場の違いと重なれば、何がほんとうなのかもわからなくなってしまう。1月6日の議事堂乱入は、不正選挙で権力を奪った者から政治を取り戻そうとしていると信じ込んだ人々の引き起こした事件だった。

トランプのついたウソはいまなお力を振るっている。ピューリサーチセンターが議事堂乱入事件の後に行った調査によれば、共和党支持者の64%はトランプが大統領選挙に勝ったと考えている。

事実に背を向け、不正によって自分たちの大統領を奪われたと信じ込む人々に向かって政策を、さらに言葉を届けることができるのか。これがバイデン次期大統領の直面する課題である。

(2021年1月20日)

# Ⅴ　2020年

## 首の皮一枚で保たれたアメリカの民主政治

トランプ政権の4年間は、いわば民主主義のストレステストだった。

選挙で選ばれた政治指導者はどこまで政治権力を自分のもとに集め、議会や裁判所のチェックアンドバランスを退けることができるのか。自分のこと以外には一切関心のない特異な人物が大統領となったために、民主政治の限界が試されてきた。

大統領選挙は制度に則して実施された。投票と開票、各州における選挙結果の報告と承認、そして今回行われた538人の選挙人による投票、どこをとっても不正工作の跡はない。

だが、トランプは敗北を認めないばかりかアメリカの歴史上で最も腐敗した選挙だと不正を訴え、自分は大差をつけて大統領に当選したと主張した。トランプ支持者は各地で不正投票排除の訴えを起こし、選出された者と異なる選挙人の選定も州議会に求めた。ほとんどの訴えが退けられた今も、裁判の継続をトランプは訴えている。

これは次の大統領選に出馬する布石などという戦略ではない。負けを認めたくないトランプが大統領に居座ろうとしているだけだ。そして手段を選ばない。事実は何であろうとも自分が選挙に勝ったことにして、そのウソが現実となるように虚偽の発言と強引な権力行使を繰り返すのである。

いかに当選を主張しても、トランプがホワイトハウスに居続ける可能性は無視できるほど小さい。

＊

だがトランプは、バイデンは不正行為によって大統領を僭称《せんしょう》している、ほんとうの大統領は自分だと言い続け、少なからぬアメリカ国民もそれを支持するのだろう。

暴力によらない政治権力の交代を制度として保障することは民主主義の本質だ。選挙結果を政治家が認めなければこの制度は壊れてしまう。自分の負けた選挙を認めないことでトランプは民主政治の根幹を揺るがした。

議会共和党はトランプに従った。不正投票を示す証拠がなく、選挙結果を覆す規模の集計漏れも見つかってはいないのに、テキサス州司法長官はジョージア、ミシガン、ペンシルベニア、ウィスコンシン4州の選挙結果の無効を求める訴えを起こした。この異様な訴えに対し、共和党下院議員の過半数にのぼる126人が賛成している。忖度《そんたく》どころではない。トランプに迎合しなければ共和党下院議員でいることができない現実がここに示されている。

だが、大統領だからといって何でもできるわけではない。まず、軍が自律性を保った。警官の暴力によって黒人のフロイド氏が死んだことに起因する全米抗議運動を前にしたトランプは連邦軍出動を求めたが、エスパー国防長官は従うことを拒んだ。後にエスパーは解任されるが、いかに最高司令官であっても米軍が大統領の無法な指示に従うことはないことを示す事件だった。大統領留任のためにトランプが連邦軍の出動を求めたとしても、それが実現される可能性はない。

＊

各州における選挙管理もおおよそ政治的中立を保つことができた。ジョージア州のケンプ知事は、大統領から批判と罵倒《ばとう》を浴びせられながら、選挙の集計結果を覆さなかった。トランプに従うばかりかに見えたバー司法長官でさえ、選挙結果を覆す不正は見つかっていないと述べた。

さらに裁判所の役割がある。

トランプ陣営の提起した訴訟は各州の裁判所でも連邦裁判所でもほとんどが却下された。トランプ政権の下で3人の判事が就任し、保守派が多数を占めている最高裁判所も、4州の選挙結果無効を求める訴えを却下した。

証拠もなく国民の投票を排除するなどあってはならないことだから裁判所の判断は当然だ

が、トランプから見れば州知事や裁判所が自分に従わないことこそがあってはならないことなのだろう。

トランプの名を一躍有名にしたテレビ番組の決まり文句「首だ！」（You're fired!）の通り、トランプは意に沿わない閣僚を解任してきたが、オーナー社長が社員の首を切るように州知事や裁判官を首にすることはできない。大統領個人の利益では左右することのできない民主政治の岩盤が、ここにようやく見えてきた。

大統領に就任したトランプはチェックアンドバランスを度外視した権力集中と行使を続けてきた。

私は、民主政治はどこまで独裁に近づきうるのか、いつも考えずにはいられなかった。恐るべき4年間だった。

それでも、無法な権力者であっても壊すことのできない法と制度はアメリカに残されていた。確かにトランプが大統領だと信じるアメリカ国民は残るだろう。トランプ留任を阻む者に暴力を加える人さえ出てくるかも知れない。だが、権力者の恣意《しい》が左右することのできない制度は存在した。アメリカの民主政治は、首の皮一枚で保たれた。

（2020年12月16日）

# 米中をめぐり日本が本当にすべきこと

大統領選挙は、トランプへの不信任投票だった。

まだ一部の開票が残され、次期大統領が就任する来年1月まで間があるが、トランプが大統領に留任する可能性は小さい。全国の得票ではバイデンに550万票も離され、激戦州ペンシルベニアはもちろん手作業による再集計の続くジョージア州でも万を超える票差がある。2000年大統領選挙におけるゴアとブッシュのフロリダにおける票差537とは比較にならない。トランプはソーシャルメディアで選挙の不正を訴えているがそれを支える証拠は乏しく、選挙結果が覆る見込みはない。

それでもトランプ支持派は首都ワシントンで11月14日に大規模な集会を開き、選挙不正を訴えた。トランプが勝ったと信じ込むその人なりの理由があるのだろう。たとえそれが人の自分を騙《だま》す能力を示すものでしかないとしても、である。

＊

日本でも、バイデンよりトランプの方が日本国民の利益にかなうという主張が広がっている。バイデンでは中国を抑えることができない、何をするかわからないトランプが必要だという議論だ。

その背景にはオバマ前政権の中国政策への懸念がある。初期のオバマ政権は、協力を強めることで中国の政策を変えるという、クリントン大統領時代の関与政策に通じるアプローチを取った。南シナ海から尖閣諸島に及ぶ中国の力の拡大が生まれたのはオバマ外交のためだ、その時代に戻ってはならないという判断がそこから生まれる。

さて、そうだろうか。

トランプ政権のもとで日米豪にインドを加えた4カ国の連携が進み、20年11月には合同軍事演習も行った。とはいえ南沙・西沙諸島における中国の拠点確保は一貫して続き、軍事戦略が変わった形跡は見られない。

貿易については関税引き上げを手段として圧力を加えたために世界貿易への懸念を生み出し、日韓中とASEAN（東南アジア諸国連合）10カ国などがこのたび結んだRCEP（地域的包括的経済連携）への道を開いた。他方、ウイグル族への人権弾圧や香港における国家安全維持法施行後の強権発動などこの4年間における人権侵害については、この政権の関心は乏しかった。

現在の中国が国内で独裁を強め、国外では軍事覇権に走ることを私は悲しむ。だが、トランプ政権の対中強硬策は、中国における独裁と覇権への傾斜を強めてしまったとも考える。

ではどうすればよいのか。19年7月、「中国は敵ではない」と題するトランプ大統領と議会への書簡が、賛同する数多くの研究者と実務家の名前とともにワシントン・ポスト紙に掲載された。現在の中国政府による人権弾圧や攻撃的外交政策を批判しつつアメリカ政府の対中政策は情勢をさらに悪化させるものだと指摘し、必要なのは経済と安全保障において目的を共有する諸国との堅固な連携だと訴えている。賛成だ。

＊

国際政治の分析は希望的観測に走ってはならない。門戸を開けば中国が変わる、圧力を加えたならば中国が怯《ひる》むなどという期待は、自分が行動すれば相手が変わるという希望の裏返しに過ぎない。

必要なのは、中国の現実を見据え、何は受け入れることができないかを明確に認識し、相手の行動が短期間には変わらない可能性も想定しつつアメリカを含む世界各国が共同して中国に向き合うことだ。

その国際連携は軍事協力を伴うとしてもあくまで防衛と抑止に留《とど》め、緊張をエスカレートしてはならない。また中国が国際協力と国際体制のなかで活動を模索するときにも、ただ歓迎するのでなく国際体制の原則や規範の遵守《じゅんしゅ》を中国に求めなければならない。

このように書くと机上の空論のように響くかも知れないが、実は日本政府もそのような行動を取ってきたのである。

ＲＣＥＰは、ＴＰＰ（環太平洋経済連携協定）よりもやや緩い条件の下で中国を含むアジアの貿易自由化を図る試みだった。その過程では中国政府との微妙な折衝が続いたことがうかがわれる。それでもＲＣＥＰを中国主導の合意と貶《おとし》めることは誤りだろう。日本だけでなくＡＳＥＡＮ諸国と韓国も含む多国間秩序だ。

大統領就任後のバイデンはトランプの下で著しく弱体化したＮＡＴＯ（北大西洋条約機構）の再結束とロシア政策の転換などヨーロッパに力を注がなければならないだろう。

だが、日本に必要なのはバイデン勝利への失望や新政権への警戒ではない。必要なのは、バイデン新政権が国際体制を通した中国政策への転換を進めるべくアメリカに働きかけることである。

一面的な対中強硬政策への期待から離脱すべき時が訪れている。

（２０２０年11月18日）

## トランプ政権は何を壊したのか

11月３日、アメリカで大統領選挙が行われる。現状ではトランプ大統領再選が難しい形勢だ。アメリカ全国の支持率では、民主党候補であるバイデン前副大統領に10ポイントほど離されている。

米大統領選挙は投票総数ではなく州ごとの選挙人獲得数によって決まるが、バイデンは前回2016年選挙ではトランプ候補が勝利を収めたウィスコンシン州やミシガン州でトランプを引き離し、フロリダ州でも僅差《きんさ》ながら優位に立った。

支持率に大きな変化が見られないことが今回の選挙の特徴であるが、現状のまま推移すればバイデン候補が勝ち、議会についても下院のみならず上院も民主党多数という結果が見込まれている。

とはいえ選挙だけに結果はどうなるかわからない。世論調査に基づいて選挙を予想するサイトFive Thirty Eightはバイデンが勝つ可能性を88%と推計しているが、逆にいえばトランプが勝つ可能性も12%はあるわけだ。前回選挙において優位と見られたヒラリー・クリントンが敗北したこともあり、民主党陣営はバイデン勝利の予測に走ることを戒めていると伝えられる。16年選挙の敗北がそれだけ傷を残しているということだろう。

私も選挙結果を予測することはできない。だが、トランプ政権の4年間が世界にとってどのようなものだったのかを考えることはできる。

まず、トランプ政権の成果はあったのか。ある、中国を抑え込んだという答えがあるだろう。ほんとうだろうか。

トランプの対中政策の重点は貿易だった。関税を手段に使った貿易圧力は自国にも打撃を与えるが、それを置くとしても、この4年間で中国の軍事戦略が変わったとはいえない。

そのなかで中国の台頭はさらに進んだ。

オーストラリアのローウィ研究所がこのたび発表した20年度アジア・パワー指数は、アメリカが1位を占めるとはいえ総合力でも軍事力でも後退したことを示している。経済後退の主な原因は新型コロナウイルス流行だが、トランプ政権の無策が感染拡大を招いただけにコロナのせいにはできない。

しかもコロナ危機をいち早く脱しつつある中国は世界経済における比重をいっそう高めた。トランプが中国政策で成果を上げたとはとても言えない。

＊

成果がない一方、トランプ政権が破壊したものは多い。

アメリカ国内では大統領自ら民族・人種・性別による偏見を表明してマイノリティー迫害を助長し、批判を受けるとウソのニュースだと強弁した。利益相反の疑いを押しのけて家族の運営するホテルやゴルフ場を率先して使い、アメリカへというよりトランプ個人への利益誘導を続けた。人種差別も政治腐敗も所得格差の拡大も初めてのことではないが、これほどあからさまな国民統合の破壊と権力の乱用を見ることは珍しい。

国際関係も破壊した。地球温暖化に関するパリ協定の離脱、NAFTA（北米自由貿易協定）の一方的破棄と改定強要、WHO（世界保健機関）離脱などはそのわずかな例に過ぎない。従来、国際機構や協定はアメリカにとって対外政策の用具であり、他の諸国にとってはアメリカを制度のなかに抑え込む手段でもあった。だがトランプのアメリカは束縛から解放を求めるように国際協定や国際体制から離脱を繰りかえした。

なかでも深刻なのは米欧関係だ。

トランプは、ロシアのプーチン大統領と親密な関係を保つ一方で、NATO諸国には駐留米軍削減と同盟脱退を脅しに使うかのように国防費増額を求めてきた。その結果としてアメリカとヨーロッパ諸国の関係は第2次世界大戦後で最悪の状況にある。

アメリカの政治学者ジョン・アイケンベリーは新著『A World Safe for Democracy（民主主義に安全な世界）』において、19世紀世界における起源、ウッドロー・ウィルソンの国際主義とフランクリン・ルーズベルトのそれの対照、さらに第2次世界大戦後にアメリカの覇権のもとでつくられたリベラルな国際秩序の素描を試みている。アイケンベリーはアメリカの覇権が国際制度のもとで制御され、各国との協力を可能としたと論じている。

＊

これまでにも覇権とリベラルな秩序との微妙な均衡は揺らいできたが、持ちこたえてきた。だが、トランプ政権の下で、アメリカは自らが築いたリベラルな国際秩序から降りようとしている。その危機感がこの著作にリアリティーと切迫感を与えている。

一方にトランプ政権、他方に中国の台頭を置いて見えてくるのは秩序ではなく権力闘争だけの世界である。トランプ後の世界を考える前に、何がどこまで壊されたのか、目を向けなければならない。

（2020年10月21日）

## 政治家と嘘――アーレントの言葉

安倍晋三首相が退陣を表明し、新たな自民党総裁に菅義偉氏が就任した。

菅政権の外交政策はどうなるのかなどを議論するべきところだろうが、そのような議論よりも前に気になることがある。

政治における嘘《うそ》である。

まず、トランプ米大統領は嘘をつく。既に当たり前になったこのことを、ボブ・ウッドワードの近著『RAGE（怒り）』は改めて思い知らせてくれた。

ウッドワードはワシントン・ポスト紙でウォーターゲート事件を暴露したジャーナリストだが、近年ではアメリカ大統領に関する著作で知られている。やはりトランプ政権を論じた前著『FEAR（恐怖）』では大統領本人に聞き取りをできなかったが、『RAGE』ではトランプに18回の録音を伴うインタビューを行った。

そのなかに、2月7日午後9時、トランプがウッドワードの家にかけてきた電話が紹介されている。トランプは習近平中国国家主席との会談に触れ、会談では主としてウイルスについて話した、このウイルスは空気感染をする、インフルエンザよりも致死的（deadly）だ、5倍も致死的かもしれないとウッドワードに語った。

トランプが何を書くかわからないウッドワードとインタビューを繰り返し、自分から電話までかけた理由はわからない。だが、ここでトランプの語るコロナは、公に言ってきた「インフルエンザのようなもの」としてのコロナとは明らかに違う。3月19日のウッドワードとのインタビューでは、パニックを起こしたくないので軽く見せたかった（play it down）とトランプ自身が認めている。

新著刊行に先立ってトランプの肉声を公表したこともあってウッドワードの暴露は広く報道された。「軽く見せた」間に20万人に近いアメリカ国民が生命を失ったのだから当然の反応だが、トランプの嘘はコロナウイルスに限ったことではない。大統領選に立候補した20

15年以来、明らかな虚偽を繰り返し述べ、その虚偽を指摘されると嘘の報道、フェイクニュースだと言い返すのがトランプの日常だった。

＊

日本では、安倍政権の下で、森友学園への国有地払い下げ、加計《かけ》学園の岡山理科大学獣医学部新設、あるいは桜を見る会への招待者などに関連して、公式の説明との違いが疑われるたびに公文書の紛失などが繰り返された。

国有財産の処分や大学学部の新設と総理主催の会合とでは事案に著しい違いがあるが、総理や官邸の説明に合わせて官庁が公文書を書き換え、廃棄しているという疑いは共通している。

トランプ政権と安倍政権に見られるのは、権力を握った政治家は虚偽を指摘されてもそれを認めなければ虚偽を「事実」に変えることができるという確信である。

嘘だという方が嘘をついていると言い張り嘘をつき通せば、嘘は嘘ではなくなるわけだ。ナチスドイツやスターリン体制下のソ連、あるいは中国などの全体主義ではなく民主政治の下でも、政治における嘘が日常となってしまう。

＊

半世紀近く前の1971年、ベトナム戦争に関する政策決定過程の政府文書、いわゆるペンタゴンペーパーズがニューヨーク・タイムズによって暴露された。

後に書籍として公刊されたこのペンタゴンペーパーズについて、政治哲学者ハナ・アーレントが「政治における虚偽」という文章を発表している（高野フミ訳『暴力について』所収）。

この文章においてアーレントは「虚偽と自己欺瞞《ぎまん》の連結作用」を指摘し、「嘘をつくのが上手で、大勢の人を信じさせることに成功すればするほど、ついには自分の嘘を信じるようになるものだ」と述べた上で、実情はさらに厳しく、「嘘つきたちは自己欺瞞からスタートしている」と指摘し、「大衆の心を捉える戦いに全般的な信頼と勝利を予期しただけだった」と喝破している。

全体主義に生涯立ち向かったアーレントは、全体主義における歴史の書き換えや「自分のイデオロギーに合致しないデータを抹殺する能力」を厳しく批判してきたが、政治における嘘が民主政治のもとにおいて広がる危険にも目を向けていた。

嘘に従えば自由を失う。

嘘をつき通すことができるという確信に基づいて他者ばかりでなく自分も欺く政治は、「基本的な政治的自由」、アーレントの言葉を借りるなら「もしもその自由が失われた場合には、言論の自由が残酷なごまかしに堕してしまうもの、つまり、ありのままの事実を知る権利」を脅かすのである。

政治権力や党派性が「事実」を覆い隠す時、政治権力から自立した言論と報道なしには政治的自由が失われる。

嘘を阻むには「ありのままの事実」を伝えることで立ち向かうほかはない。

（2020年9月16日）

## 軍事戦略を批判する軍事の実務家たち

1945年に広島と長崎に原爆が投下されてから今日、核兵器は75年の間使われていない。この事実から、核兵器は相手の攻撃を思いとどまらせる手段だ、実戦で使用されることはないと結論を下す人もいるだろう。

その結論は誤りである。

核兵器の使用に合理性はなくても、核兵器を使いかねないと相手に思わせることには合理性を認めることができるからだ。

それを端的に表現するのがリチャード・ニクソン元米大統領のマッドマン・セオリー、狂人理論だ。

米大統領就任前のニクソンは、後に大統領補佐官となるハルデマンに向かって、ベトナム戦争を止めるためなら何でもすると北ベトナム政府に思い込ませる方法を考え、マッドマン・セオリーと命名した。ハルデマンの回顧録に出てくる有名な一節である。

念のためにいえば、ニクソンが核兵器を使おうとしていたわけではない。だが、北ベトナム政府との和平交渉が暗礁に乗り上げた69年、ニクソン政権は戦術核兵器の使用を含む大規模な攻撃を準備することによって北ベトナムから譲歩を引き出す計画を実際に立てている。

たとえ核を使う意思はなくても、使いかねないと思わせて相手をひるませる方策は検討されていた。核兵器の先制使用は不合理でも先制の威嚇は合理的なのである。

＊

核問題について二つの著作、ダニエル・エルズバーグ『世界滅亡マシン』とウィリアム・ペリーとトム・コリーナの共著『核のボタン』の翻訳が相次いで刊行された。

エルズバーグは60年代の国防総省でマクナマラ国防長官を補佐し、ペリーはクリントン政権の下で国防長官を務めたことからわかるように、どちらもアメリカの軍事戦略に直接関わった実務家である。だがエルズバーグはベトナム戦争秘密報告書、いわゆるペンタゴンペーパーズをニューヨーク・タイムズにリークした。

ペリーもキッシンジャー元国務長官などと共同で核兵器のない未来を求める文章をウォールストリート・ジャーナルに寄稿したことで知られている。

軍事の実務家が、なぜアメリカの軍事戦略を批判するのだろうか。

その背景には、核による威嚇を放棄しようとしないアメリカ政府への懸念がある。ペリーの言葉を使うなら「米国の核の歴史の最大の矛盾の一つは、大統領が核戦争を始める必要もそのつもりもないのに、その選択肢を捨てない」ことに他ならない。

そこから核兵器使用を主とする数々の戦略が生み出された。エルズバーグはケネディ政権の下で核の実戦使用がどのように検討されてきたのか、核戦争の計画を暴露している。

さらにペリーとコリーナは米ソ冷戦終結から30年も経ちながら従来の核戦略が維持され、アメリカ政府が核兵器の先制使用を放棄してこなかったことの不合理を厳しく批判している。

核による威嚇は核戦争を引き起こす可能性を否定できない。実務家なのにではなく、実務家だったからこそ、核戦争の危険から目を背けることができないのである。

＊

この2冊はともに、ニクソンの狂人理論に触れたハルデマン回顧録の一節を引用している。

その理由はいうまでもない。

ドナルド・トランプ大統領のもとのアメリカが核先制攻撃の威嚇を試みる可能性があるか

らだ。いや、トランプを例外として捉えるのは誤りだろう。

エルズバーグが述べるように、「トランプはトルーマン以来の歴代全大統領（中略）――ライバルのヒラリー・クリントンもその中に含まれているのは間違いない――と同じ立場を取っているにすぎない」のである。

ここで必要な選択は核軍縮、そして核の廃絶である。オバマ前大統領が求め、挫折した、核兵器先制使用の放棄はその第一歩に過ぎない。

実現できない理想と一蹴される可能性の高いこの選択こそが合理的である。そういう時代に私たちは生きている。

だが、核戦略は国家機密に包まれており、事実を知ることも容易ではない。

ペリーが核廃絶を訴えるのは国防長官を辞してから約10年後のことだった。ベトナム戦争の機密をリークして訴追されたエルズバーグも、ケネディ政権の核戦争計画を暴露したのは実務を離れたずっと後のことだった。

その結果として、核兵器の使用が実際に検討されている現実は国民の目から隠され続けた。他方では、核保有と核抑止のために平和がもたらされているという虚偽を現実として言いくるめるプロパガンダが繰り広げられてきた。

実務を経験した者が一般の国民よりも核戦争を恐れる状況は倒錯しているというほかはな

い。核軍縮の展望を開くためにも、国民の安全を左右する情報を政府に独占させず、情報公開を求め続ける必要があるだろう。

（2020年8月19日）

## コロナ危機後に力を増した中国

新型コロナウイルスが流行するなか、コロナ後の世界、ポスト・コロナの展望を書いてきた。だが、この切り口は誤っていたのかも知れない。流行が収まらず、ちっともコロナ後にならないからだ。

米ジョンズ・ホプキンズ大学の集計によれば、世界全体の感染拡大はまだ続いている。日本でも6月初めには1日50人を下回っていた検査陽性者が6月末から増加し、7月10日には全国で430人の感染者が発表された。日本では死者の急増は見られないが、アメリカではフロリダ州やカリフォルニア州などで感染者が急増し、死者数も増加に転じた。

ロックダウン、日本なら緊急事態宣言の解除が早すぎた可能性は高いが、再びロックダウンを行うリスクも高い。感染者も死者も増えているなかでアメリカのコロナ対策はうまくいっていると言い放つトランプ大統領の判断は論外と評するほかないが、ロックダウンの結果、小売業を始めとする経済活動も学校など社会活動も苦難を強いられた。規制再開へのためらいがそこから生まれる。

＊

結果として、パンデミックが収束からほど遠いにもかかわらず社会活動の規制は解除に向かうという奇怪な状況が出現した。これではコロナ危機が収束に向かうなかのウィズ・コロナではなく危機の長期継続としてのウィズ・コロナになってしまう。ロックダウンや緊急事態宣言によって失われた雇用はゆるやかに回復に向かうとしても、パンデミックが続くなかでは国内需要が後退した状況が継続し、失業も高止まりする。規制を解除しても経済回復を見込めないのである。

政治への影響も大きい。11月に予定されているアメリカ大統領選挙を例に取るなら、トランプ大統領の再選には黄信号が点《とも》った。アメリカ政治では、一般に経済が後退するときには与党への支持も後退する。第2次石油危機後の1980年、あるいは世界金融危機のさなかの2008年大統領選挙で与党候補が敗北したのはその例である。世論調査を見れば、民主党大統領候補にほぼ確定したジョー・バイデンは支持率においてトランプ大統領を9ポイントも引き離している（Real Clear Politics、7月9日）。決して強い候補とは言えないバイデンが選挙で優位に立った理由がコロナ危機と経済の悪化であることはほぼ疑いがない。

さらに、いつコロナ危機から脱却するか、そのスピードが各国によって異なることにも注意しなければならない。感染拡大の止まらないアメリカ、ブラジル、インドでは脱却の展望が見えない。イギリスやイタリアなどヨーロッパ諸国では感染者が減少したが、各国の死者が厖大《ぼうだい》な数にのぼるだけに再建の道は厳しい。

他方、コロナ危機からの早期脱却が見込まれるのが中国である。パンデミックの始まりが武漢だっただけに意外に思われる点であるが、中国では感染拡大は3月にはほぼ終息している。発表された死者総数4634人はエクアドルのそれよりも少ない。

＊

こうして、アメリカやヨーロッパではコロナの影響が続く一方で中国がコロナ危機から脱却するという構図が生まれる。サプライチェーンが寸断された世界経済は、停滞が見込まれる欧米諸国ではなく、中国を主軸とした再建に向かうことになるだろう。コロナ後の世界における中国の経済的影響力は以前よりもさらに高まることが予測される。

コロナ危機後に力を増した中国は諸外国の影響を恐れる必要がこれまでよりも少なくなっている。中国の香港国家安全維持法は分離独立活動、反政府行為、テロ、さらに外国勢力との結託を禁止することで香港における一国二制度を実質的に廃棄したものであるが、その実施は国外の批判を顧慮しない習近平指導部の強硬姿勢を示しているものといってよい。貿易ではアメリカに譲っても国家主権に関わる事項では譲らないのである。

香港における民主化運動が衰えたわけではない。7月11、12日に行われた香港民主派が立法会候補を選ぶ予備選挙には予想を大きく上回る60万人が投票した。米議会が可決した香港自治法案を始めとして中国政府に対する批判も強く、米中関係は大統領選挙の争点になろうとしている。だが、中国政府が国際的な批判を顧慮した形跡はない。

既に米中両政府の対立は激しさを加えているが、政治経済における中国の力がこれまでになく強まる一方、アメリカの力は弱まった。アメリカの衰退と中国の台頭とは言い古された形容であるが、コロナ危機が継続するアメリカとポスト・コロナの中国の対照は、この形容が現実のものになろうとしていることを示している。

（2020年7月15日）

## 非暴力不服従

ミネソタ州ミネアポリスで、黒人男性ジョージ・フロイドが警官の暴力のために亡くなったあと、デモや抗議集会が全米各地でわき起こった。連日報道を見るなかで、胸をつく場面がひとつあった。

日本時間6月2日夜半、前夜の略奪のあと店先に打ち付けられた板が見えるマンハッタンの街頭で、ブラック・ライブズ・マター、黒人の命は大切だ、というスローガンとフロイドの最後の言葉「息ができない」を連呼するデモ隊が警察と向かい合うなか、デモ隊から警官隊に向かって何かを投げつける映像が映った。

そのときデモ隊のなかからひとりが前に出て、警官ではなくデモ隊に向かって、しゃがめ、ひざまずけと叫んだ。一瞬のあとデモ隊も膝《ひざ》を折ってひざまずき、力によらない抗議、ピースフル・プロテストと互いに呼びかけた。

このあと警官隊が押し寄せて、デモ隊もCNNのチームも後退する。たまたまテレビカメラが捉えた瞬間がどこまで全米各地の抗議行動を代表するものだったのかはわからない。それでも、ここに表れた、手段を選ばずに権力に立ち向かうのか、それとも暴力に訴えない運動に徹するのか、その選択は決定的といっていいほど重要だ。

＊

ミネアポリスで起こった事件は決して初めてのものではない。2014年にミズーリ州ファーガソンでマイケル・ブラウンが警官に射殺され、1992年にはロサンゼルスでロドニー・キングに暴力を加えた警官が無罪となった。現場の映像が共有され、抗議する集会が一部では暴動と略奪に向かったところもミネアポリス事件と共通している。

またアフリカ系のアメリカ国民が警官の過剰な暴力の犠牲となった事件として、これは氷山の一角に過ぎない。ミネアポリス、ファーガソン、ロサンゼルスの事件は、現場を捉えた映像が流されデモや集会に発展した点で、特異な例だとさえいえるだろう。

だが、今回の抗議運動には従来と大きな違いがある。これまではデモも暴動も事件の起こった都市を中心としたが、今回は警官への抗議がニューヨークやロサンゼルスを始めとした全米各地、さらにロンドンから東京まで世界諸都市に広がった。フロイドの死を自分のものとして受け止め、異議申し立てを行う人々が、事件の起こった都市を越えて連帯したのである。

そして担い手がアフリカ系だけでなく、白人もヒスパニックも数多く加わっている。6月2日のマンハッタンのデモに加わった人々にも人種を越えた広がりがあった。

ここで語られている正義は黒人の正義ではなく、人種を越えた正義である。肌の色が黒いために警官に粗暴な暴力を加えられるという人種の違いに起因する不正は、肌が黒くない人にとっても不正だが、それが建前ではなく、広汎《こうはん》な異議申し立てに展開し、フロイドの死から3週間以上経っても続いている。これまでの「人種暴動」と異なるところだ。

＊

では暴動はどう考えるか。黒人はいつも怒っている、機会があれば暴動を引き起こすなどという思い込みは人種偏見に過ぎないが、それでも今回、暴動や略奪は起こった。私も人種による不公正に反対する運動に共感しつつ、運動が非暴力から暴動に転じることを恐れていた。暴動になれば法と秩序の名の下に力によって市民的不服従が押さえ込まれ、結果として不公正が長続きしてしまうからだ。

私はキング牧師とともに不公正への怒りを訴えた作家ジェームズ・ボールドウィンのことを考えていた。『もう一つの国』などで知られるこの作家は、エッセイ『次は火だ』刊行とともに公民権運動の中心のひとりとなる。キング牧師は暴力に頼ることのない市民的不服従を訴えたが、そのキング牧師は暗殺され、アメリカ各地で暴動が起こった。混乱のあとも人種による不公正は残された。未完原稿に基づくドキュメンタリー「私はあなたのニグロではない」にはボールドウィンの公民権運動の限界への苦い思いがあふれている。

だが、歴史は繰り返さないのかも知れない。今回トランプ政権はデモに対し強硬措置を求めたが、それに対する反発は暴力ではなく非暴力不服従の拡大を生み出した。いったんは広がった暴動や略奪はほぼ収束し、人種による不公正と警察への抗議は非暴力に徹することによって人種と地域を越えた広がりを獲得した。1960年代末ではなく60年代中葉、キング牧師の主導したセルマ大行進のような展開だ。マンハッタンの街角のピースフル・プロテストはその一例である。

怒りは正当でも憎悪と暴力には未来がない。長すぎた人種不公正を人種の壁を越えて改める機会が生まれている。

（２０２０年６月17日）

## 自由な統治なしに自由を奪ってはならない

世界を席巻した新型コロナウイルスの流行に収束の兆しが見えてきた。新しい生活様式などという言葉も用いられるいま、コロナ後の世界について考えてみよう。

第一に挙げなければならないのが経済への打撃である。ウイルス感染を防止する目的から各国政府の踏み切った人の移動の規制とロックダウンは、運輸・観光はもとよりサービス業や小売業に壊滅的な打撃を与えた。リーマン・ブラザーズ破綻《はたん》に始まる世界金融危機と異なって株の暴落は現在のところ必ずしも起こっていないが、失業は各国で急増した。ウイルス感染が収束しても雇用の回復は容易ではない。

製造業のグローバルなサプライチェーンも寸断された。ロックダウンのもとで貿易よりも国内市場が重視されたこともグローバル経済の連携を著しく弱めた。既に反グローバリズムの運動は世界に広がっていたが、コロナウイルスはそのような運動を凌駕《りょうが》する打撃をグローバル経済に与えた。

コロナ後の世界では、世界大国の政治的緊張も加速することになるだろう。対立の中心はアメリカと中国の関係である。ウイルス感染のはじまりとなった中国は感染の収束も比較的早く、ポストコロナの世界でこれまで以上の力を振るおうとしている。

他方、コロナウイルスによる死者が約10万人に達したアメリカでは、トランプ大統領が感染源としての中国の責任を厳しく訴えている。トランプ政権の対中貿易制限によって、ただでさえ緊張の増してきた米中関係がコロナ危機によって一気に加速した構図である。危機への対処の失敗を問われる立場に置かれたトランプ氏が、大統領選挙を控えて政治批判の矛先をかわそうとしていることも無視できない。

全国人民代表大会（全人代）に合わせて開かれた記者会見において中国の王毅《ワンイー》外相は、コロナウイルス感染の責任追及に反発し、アメリカでは中国への誹謗《ひぼう》中傷という政治ウイルスが拡散していると述べた。その全人代において中国政府は国防費6・6％増を決める一方、国家安全法案を提出して香港への締め付けを強め、トランプ政権の反発を招いた。これが悪罵の応酬だけで終わる保証はない。

＊

経済危機も米中対立もそれだけで大きな課題である。だが、私はここで異なる問題を提起したい。コロナ後の世界における民主主義の行方である。

コロナ危機への各国政府の対応は人権への制約を伴った。国外からの入国の拒否、国内における人の移動への制限、家から出ることを阻むロックダウンから商店の営業規制に至るまで、コロナ対策として採用された数々の政策が個人の自由を奪うものであったことは否定できない。

スマートフォンの個人情報を掌握することなどによって人の移動を追いかけ、規制する動きも広がっている。中国によるウイルス感染拡大の防止はAIを駆使した新しいサーベイランス、監視技術を活用することによって実現したのである。

ウイルス感染を阻止する緊急手段としては短期的な人権剥奪《はくだつ》もやむを得ないかも知れない。だが、危機が収束しても統制がなくなるとは限らない。そもそも中国政府による国民監視は短期的手段というより国家制度と呼ぶべきだろう。武漢のロックダウンも香港における人権抑圧も、そこで用いられている監視技術は共通している。

新技術によるサーベイランスは中国に限ったことではない。民主主義国においても、これまでなら全体主義の特徴と見られたような国家による個人情報の収集と監視が行われているからだ。『ホモ・デウス』などの著作で知られるユヴァル・ノア・ハラリは、英紙フィナンシャル・タイムズへの寄稿において、コロナ危機への対応では新しい監視技術による情報集積が用いられていることを指摘し、短期的な緊急措置が日常となってしまう危険に警鐘を鳴らした（2020年3月20日付）。

この文章でハラリは、いま問われているのは全体主義的な統制か市民のエンパワーメントかという選択であると述べている。厳しいが、私にはしっくりくる言葉だ。危機管理を達成するために自由と民主的な統治が犠牲にされてしまう危険がある。

＊

では、どうすればよいのだろうか。政策選択に関する自由な言論なしには私権の制限を認めることはできないと私は考える。権力を担う者は、私権を制限する根拠を国民に明示し、国民の判断を求めなければならない。

自由を奪う前提は自由な統治の保障である。この前提を取り払ってしまえば、緊急事態に取られた非常手段が長期的な権力集中をもたらし、市民社会の自律性は失われる。コロナ後の世界を自由の終わりにしてはならない。

（2020年5月27日）

## パンデミックが進めた経済後退と国家の復権

パンデミック後の世界はどのようなものになるのだろうか。その特徴を一口にいえば、グローバリズムの後退ではないかと私は考える。国境を越えた経済のグローバル化が反転し、世界経済が危機を迎えるなか、グローバル経済が支えてきた世界秩序が弱体化する。以前から緩やかに起こっていたこのような変化を劇的に進める、いわば引き金としての役割をパンデミックが果たすという構図である。

＊

最大のポイントは、グローバル経済の後退だろう。新型コロナウイルスの感染拡大を防ぐため、人の動きを最小限に抑える施策が世界各国で行われている。人が家の外に出ないのだから通常の社会活動も経済活動もごく限られた形でしか行うことはできなくなった。工場の操業停止も商店の閉店も避けられない。緊急事態のための時限的な措置とはいえ、世界各地を結びつけた生産と消費に与える影響は大きい。

イギリスの欧州連合（EU）離脱や米トランプ政権の下における貿易協定の見直しなどに見られるように、グローバル化への反発や対抗は先進工業国において既に高まっていた。それでも、海外工場の全面的閉鎖を求め、あるいは自国の市場を世界市場から遮断するなどといった極端な提案はごく例外的なものだ。ポピュリズムのもとにおけるグローバリズムの見直しを凌駕するグローバル経済の後退が、パンデミックによって現実となった。

世界経済はパンデミック以前から金融緩和と財政支出によって好景気を支えるという危うい状況となっていたが、今回のウイルス危機はその危うい経済を全面的な危機に追いやることになるだろう。主要都市がロックダウンされ、人々が家から出ることができなくなれば、数々の企業が破綻し、失業が広がることは避けられない。ウイルス感染の拡大が仮に抑え込まれたとしても、グローバリズムを支えてきた長期的な経済拡大を期待することは難しい。

ロックダウンによる失業に加えて就労形態の変化による雇用喪失にも目を向けなければならない。ロックダウンに伴って拡大したオンラインでの労働はウイルス危機が収束した後も保持されるだろう。人工知能などを柱としたいわゆる第4次産業革命が展開すれば失業が増大する可能性はこれまでにも指摘されてきたが、ウイルス危機がその可能性を現実のものとしてしまう。パンデミックが、技術革新による余剰労働の拡大を促進するのである。

危機に対応する主体は、何よりも各国政府である。人の移動を規制すれば、企業経営が危うくなり、失業が急増することは避けられない。休業補償や失業手当の給付を国連やEUに頼ることが期待できない以上、ウイルス感染拡大を防止するための措置も、その措置が生み出す経営危機や失業を始めとした社会課題への対応も、各国政府が取り組むほかはない。

パンデミックを前にした国際機構は非力だった。感染症拡大の防止はWHOの主要な目的のひとつであるが、中国において新型コロナウイルス感染が確認された後もWHOの警告は極度に遅れた。EUについても、感染がヨーロッパに広がり、イタリアやスペインで毎日何百もの死者が生まれるという危機を前にしながら、EUが果たした貢献は、みじめなほど小さかった。

＊

ここにはグローバル経済が後退し、経済危機が広がるなかで、国家の役割が拡大する過程を見ることができる。国際協力や国際機構への期待がこれまでよりもさらに弱まる一方、国家の働きへの期待は高まり、これまでにない権力が国家に委ねられる。緊急事態が収束した後も、経済危機が続き、休業補償や失業手当など社会給付の必要がある限り、国家の役割は保たれるだろう。

グローバリズムが国家よりも市場を重視する政策と結びついていただけに、グローバリズムの後退は社会経済における国家の復権を伴うことは避けられない。経済的逼迫《ひっぱく》に対して社会給付を行うのは当然の施策であるが、グローバリズムには国境を越えた世界秩序の構築も含まれることを忘れてはならない。もし国家の復権が、世界秩序から国民国家体系への転換、すなわち大国が国益のみを追求して競合する世界への転換を伴うものであるとすれば、国際的緊張の拡大は避けることができない。

既に中国の台頭と米中関係の緊張、あるいはクリミア併合後のロシアと欧米諸国との緊張によって世界秩序の安定は大きく損なわれてしまった。パンデミックという国境を越えた脅威によって、国家の復権と各国の権力闘争が展開するなら、残酷な皮肉というほかはない。

（2020年4月15日）

## コロナ危機で露呈した現代経済の脆弱性

新型コロナウイルスの流行が世界を変えてしまった。

第一の変化は、人の移動の規制である。人の集まる催しは中止し、外国からの入国の多くを禁止する。グローバリゼーションは国境を越えた資本と人の移動を促してきたが、人が移動すれば感染症も拡大してしまう。EUにおける人の移動の自由化を進めてきたドイツさえ国境規制を開始した。グローバリゼーションの進行はコロナウイルスによって破壊された。

パンデミック、すなわち国境を越える感染症の広がりは、古くはペスト、スペイン風邪、最近ならエボラ出血熱、SARS（重症急性呼吸器症候群）やMERS（中東呼吸器症候群）などいくつも例があるが、今回のコロナ危機のように短期間かつ世界的に感染者が増加した例は少ない。グローバリゼーションがパンデミックを拡大し、パンデミックへの対抗がグローバリゼーションを突き崩すという構図がここにある。

世界的な感染症拡大の可能性はこれまで繰り返し予告されてきた。既に2005年、WHOの主導によって国際保健規則（IHR）が改正され、国際的疾患拡大への対処が明記された。19年9月にはWHOや世界銀行などのつくった世界健康危機モニタリング委員会（GPMB）が報告書を発表し、感染症拡大は5千万から8千万人の生命を奪い、世界経済は5%後退するだろうと予測した。

＊

もっとも、パンデミックの影響は発展途上国において厳しいと予測されていた。GPMBの報告書は、パンデミックのもたらす経済的損失に対する脆弱《ぜいじゃく》性が高い国と低い国とを区別し、中国は中位の脆弱性とする一方、日本、韓国、イタリア、フランス、スペイン、アメリカはすべて、GDPの低下が0・0から0・5%にとどまる脆弱性の低い国に分類している。パンデミックの影響は世界に及ぶが、その主要な犠牲が発展途上国に集中するものと想定されていた。

だが、コロナウイルスは、罹患者《りかん》が地域的に限定されたエボラ出血熱、SARSやMERSなどと異なって、欧米や日本など、健康危機に対処する保健衛生体制が整っているはずの先進諸国を直撃した。これが第二の変化、すなわち世界経済の全面的後退が生まれる理由となる。

現在の先進諸国の経済は、金融緩和、超低金利、さらに日本銀行による株式買い入れを始めとした異次元の市場介入によって支えられているといっていいだろう。金融政策によって株価を支え、長期のデフレを回避する政策である。実際、トランプ政権の下でアメリカの株式市場は活況を呈し、20年2月中旬にはダウ平均株価が3万ドルに接近した。だが金融緩和を行っても市場が収縮し、景気を支えることができなくなれば、デフレ・スパイラルに陥ってしまう。先行き不安に対して現代経済は思いのほか脆弱なのである。

＊

世論と株価に敏感なトランプ政権は、コロナ危機を前にしてまず中国との渡航を制限し、米国への感染拡大は阻止されているなどという発言を繰り返し、感染が広がると大規模な財政支出と金利引き下げを表明した。だが市場の反応は鈍く、株式市場の下落を防ぐことに成功していない。原油価格の低下への懸念とパンデミックの与える経済的打撃への懸念のために、いくら金利を引き下げ、財政支出を拡大しても効果がない。金融緩和に頼るデフレ回避の限界が露呈している。

より広くいえば、コロナ危機は、リーマン・ブラザーズ破綻に始まった08年の世界金融危機以来の世界経済の後退の引き金となった。景気後退を続けてきた中国は米中貿易紛争に続いてコロナウイルスの打撃を受け、1~2月の中国における工業生産は前年同期に比べ13・5%減であったと発表されている。金融緩和に頼る景気浮揚の限界に加えて中国経済の後退が世界的な経済危機を招いてしまった。

ではコロナウイルスの流行が終われば経済は回復するのか。ムニューシン米財務長官はテレビの取材に対して新型コロナウイルスの経済に与える影響は短期的なものだとして景気後退を招く可能性を否定したが、賛成できない。問題はウイルスの流行だけでなく、金融緩和に頼る市場の脆弱性にあるからだ。仮にウイルス感染拡大の阻止に成功したとしても、金融緩和によって世界経済を再生することは難しいだろう。

ウイルス危機への対処で特徴的なのは、各国がそれぞれ国境防衛と独自の金融緩和に走り、国際協力の枠組みが見えないことだ。3月17日になって主要7カ国（G7）首脳はようやく共同声明を行ったが、内容は各国が既に採用した政策と違いが少ない。パンデミックがこれまでにない世界経済の後退を招こうとしている。

（2020年3月18日）

# 国際社会にとって不幸な選挙

アメリカ大統領選挙の火蓋《ひぶた》が切られた。既にアイオワ州党員集会とニューハンプシャー州予備選挙が終わり、これからネバダ州党員集会、サウスカロライナ州予備選挙を経て、15の州・準州が同時に予備選挙を行う3月3日のスーパーチューズデーを迎えることになる。

共和党候補は現職のトランプ氏となる可能性が高いが、先が見えないのが民主党の候補である。20人を超える候補が乱立するなか当初優位と目されたのはバイデン前副大統領だったが、アイオワで4位、ニューハンプシャーでは5位に終わり、勢いを盛り返す可能性はあるとしても最有力候補ではなくなった。

低迷するバイデン氏の対極で支持を伸ばしたのがサンダース上院議員である。アイオワではブティジェッジ・サウスベンド前市長とほぼ並び、ニューハンプシャーでは首位、全国世論調査の平均でもバイデン氏と代わって首位となった（2月4日〜11日、Real Clear Politics)。

＊

トランプ氏より高齢の78歳という年齢もさることながら、民主社会主義を標榜《ひょうぼう》してきたサンダース氏の立場は、民主党政治家の主流から外れたものだ。ヒラリー・クリントン元国務長官と民主党候補を争った2016年大統領選挙においても、高等教育の無償化を主張し、環太平洋経済連携協定（TPP）を批判するなど、オバマ政権と明らかに異なる政策を掲げていた。

前回大統領選挙のあと、民主党では左派が台頭した。18年の中間選挙ではメディアの人気を集めたオカシオコルテス下院議員を始めとした民主党主流よりも左に位置する新人議員が当選し、民主党主流への対抗を強めたのである。それまで大統領の弾劾《だんがい》に賛成しなかったペロシ下院議長が、弾劾決議に踏み切った背景にはウクライナ疑惑に加えて左派議員の台頭があった。

4年前にトランプ氏が共和党候補となった時の共和党も、14年中間選挙で急増した右派新人議員と主流派の対立に引き裂かれていた。その結果、主流派そのものというべきジェブ・ブッシュ元フロリダ州知事への支持が低迷するなか、政党政治とはそれまで関わりのなかったトランプ候補が、共和党を乗っ取るかのような勝利を収めたのである。

現在の民主党は、4年前の共和党と似た立場に立たされている。民主党主流のヒラリー・クリントン氏が大統領選挙で敗れた後、中道・穏健派はさらに力を弱め、2期にわたって副大統領を務めたバイデン氏が伸び悩む。サンダース氏の台頭は、民主党の弱まりと裏表の関係に立っていると言ってよい。

20年大統領選挙は、本来なら民主党に有利となるはずだった。トランプ大統領の支持率は平均して45％を下回る一方で不支持は50％を超えていることにも見られるように、トランプ政権の基盤は弱いからだ。だが、支持率が40％を割ることが少ないことにも注意すべきだろう。支持率は低くても固定客は安定しているのである（Real Clear Politics）。

大統領となったあとのトランプ氏は、党派支持の不明確な中道の支持ではなく、もともとトランプ支持の固い層の確保に動いてきた。それでいえばサンダース氏も中道票を共和党から取り戻すことではなく、民主党左派の票を確保することと若年層の掘り起こしに力を注いでいる。

＊

アメリカ有権者における中道・穏健支持が衰え、共和党と民主党の政党としての結集力が弱まるなか、それぞれ共和党は右派へ、民主党は左派へと流れてしまう。トランプ氏もサンダース氏も、その分極化を加速する政治家と考えることができる。

もちろん選挙結果はまだわからない。4年前にはトランプ当選が不可能と見えたように、いま本選挙においてサンダース氏が当選することを予想することは難しい。ブティジェッジ氏、そして前ニューヨーク市長ブルームバーグ氏のように、中道・穏健層の結集を期待する候補も控えている。それでも、20年大統領選挙が中道・穏健ではなく、右と左の選択に支配されようとしていることは否定できない。
　アメリカ政治の両極分解は国際政治の安定を揺るがすだろう。貿易体制であれ同盟であれ、国際秩序の安定は左右両極よりも中道・穏健の立場に馴染《なじ》みやすい。そして、民主・共和両党の候補がどちらも自由貿易や同盟を見直しかねないというこのいかにも国際的に影響の大きい選挙の投票権は、アメリカ国民に限られている。政治制度としては当然のことであるが、選挙結果が世界に与える影響を考えるなら、国際社会にとっては不幸なことだ。

（2020年2月19日）

# あとがき

国際政治について書くとき、いくつかのやり方がある。

まず、いま起こっていることについてできる限り客観的に分析を行う方法がある。私はもちろん誰もが行っている当然のやり方だが、これが決して簡単ではない。

第一に、何について書くかが問題だ。国際政治において「いま起こっていること」があまりにも多いために、どのできごとを選ぶのか、その選択だけで他の事象を切り落とすことになる。書く対象を選ぶという行為は主観的判断、悪く言えば思い込みの反映を免れることができない。

さらに、入手できる情報に制約がある。現在起こっていることについて書かれたこと、語られたことの数は多くとも、客観的に判断を下す根拠となる情報は乏しく、虚偽情報の排除も容易ではない。数多くの人が書いていることに沿って文章を書くわけにもいかない。多数派に従えば現実を捉えたことになるはずはないからだ。

国際政治に関する提言を行うこともできる。何をなすべきか、日本の選択は何か。可能な選択を提示することは研究者の責任であるだけに、国際政治分析の中で提言の部分に注目が集まるのは当然だろう。だが、提示される選択には、それを選択する必要性と、選択を可能とする現実性が必要になる。分析と提言が結びついていなければ選択肢を示す意味がない。

本書に集められた文章は、2020年から2025年にかけて、重要であると私が思ったことがらについて書いたものだ。毎月の〆切ぎりぎりになるまで、何をテーマに書くのか決まらなかった。情報の制約の中でどこまで客観的に議論ができるのか、私の分析が状況をほんとうに捉えているのか、まるで自信がなかった。それでも、それまで気がついていなかった現実の断面が見えてくると嬉しくなった。絶えず動き続ける現状の一部をスナップショットのように捉える作業には強い魅力があった。

スナップショットに後から手を加えるわけにはいかない。字句を直したところはあるが、文章は初出時とほぼ同じ内容である。

新聞のコラムは担当編集者との二人三脚だ。原稿を送ってから校了までの間、担当編集者との間で何度もやりとりがあり、それによってあいまいな表現をより明確とし、誤りを直すことができた。担当してくださったのは村山正司氏、真野啓太氏、そして大内悟史氏である。新書として刊行するにあたって前回に引き続き中島美奈氏が編集を担当してくださった。皆さまに心から感謝申し上げます。なお、まえがきの一部には、『信濃毎日新聞』に掲載されたコラム（2025年2月9日付）を用いたことをお断りしたい。

国際政治は権力関係から逃れることが難しい。だが、権力関係だけなら国内は専制支配、国際政治は勢力圏の拡大と戦争に終わってしまう。現状は力の支配の拡大に向かっていると私は考えるが、そうではない選択の萌芽もどこかにあるのだろう。読者の皆さまが、私には見えないその兆しを発見することを願っています。

藤原帰一

本書は、朝日新聞に月一回連載している「時事小言」（2020年2月−2025年2月）を収録したものです。一部、それ以外の新聞寄稿も含まれています。肩書、組織名などは掲載当時のもの、各コラム末尾にある日付は掲載日です。敬称を省略したところもあります。

藤原帰一 ふじわら・きいち
1956年生まれ。順天堂大学国際教養学研究科特任教授・東京大学名誉教授・同大学未来ビジョン研究センター客員教授。専門は国際政治・比較政治・東南アジア政治。東京大学法学部卒業。同大学大学院博士課程単位取得中退。東京大学教授、フィリピン大学アジアセンター客員教授、ウッドロー・ウィルソン国際学術センター研究員、ジョンズ・ホプキンス大学国際高等研究院客員教授、東京大学未来ビジョン研究センター長、千葉大学国際高等研究基幹特任教授などを歴任。核軍縮を議論する「ひろしまラウンドテーブル」議長。主著に『戦争を記憶する』『デモクラシーの帝国』『平和のリアリズム』(第26回石橋湛山賞受賞)、『国際政治』『戦争の条件』『不安定化する世界』『「正しい戦争」は本当にあるのか』など。

朝日新書
999

世界《せかい》の炎上《えんじょう》

戦争・独裁・帝国

2025年4月30日第1刷発行

著　者　藤原帰一

発行者　宇都宮健太朗
カバーデザイン　アンスガー・フォルマー　田嶋佳子
印刷所　TOPPANクロレ株式会社
発行所　朝日新聞出版
〒104-8011　東京都中央区築地5-3-2
電話　03-5541-8832(編集)
　　　03-5540-7793(販売)

Published in Japan by Asahi Shimbun Publications Inc.
ISBN 978-4-02-295311-7
定価はカバーに表示してあります。

朝日新書

## 宗教と政治の戦後史
統一教会・日本会議・創価学会の研究

櫻井義秀

安倍派と蜜月の統一教会、悲願の改憲をめざす日本会議、自民党とともに政権を握る公明党＝創価学会。草の根的な活動から始まった〝3大団体〟はいかに政界に近づき、社会を動かし、日本の姿をゆがめてきたのか。戦後政治史上最大のタブーに、第一人者が鋭く迫る。

## デジタル脳クライシス
AI時代をどう生きるか

酒井邦嘉

デジタル機器への依存がもたらす脳への悪影響は、AIの登場でますます高まっている。「手書きの場合とタブレット入力後の脳活動の差」「見開き提示による選択的注意や共感度の差」など、脳科学の研究成果に基づき、AIを規制し読書を取り戻す必要性を説く。

## 「黒塗り公文書」の闇を暴く

日向咲嗣

モリカケなどの重大事件で注目を集めた黒塗り公文書だが、実は、地方自治体レベルでも日常的に黒塗りは行われている。市民が開示を求めた情報をどうして行政は黒塗りにするのか、黒塗りが許される理由は何か。黒塗りで隠された官民連携の闇に迫る。

## 戦国時代を変えた合戦と城
桶狭間合戦から大坂の陣まで

千田嘉博／著
平山　優／著
鮎川哲也／構成

浜松城、長篠城、小牧城、駿府城、江戸城、大坂城——歴史を変えた合戦の舞台となった城で何がわかってきたのか。研究を牽引する二人が城の見どころを熱く語り、通説を徹底検証。信玄、信長、家康、秀吉ら武将の戦術と苦悩を城から読み解く。

## 底が抜けた国
自浄能力を失った日本は再生できるのか？

山崎雅弘

専守防衛を放棄して戦争を引き寄せる政府、悪人が処罰されない社会、「番人」の仕事をやめたメディア、不条理に従い続ける国民。自浄能力が働いていない「底が抜けた」現代日本社会の病理を、各種の事実やデータを駆使して徹底的に検証！

## 蔦屋重三郎と吉原
蔦重と不屈の男たち、そして吉原遊廓の真実

河合　敦

蔦重は吉原を基点に、黄表紙や人情本、浮世絵など次々と大ヒットを生み出した。いっぽう幕府による弾圧にもめげず、歌麿や写楽に大首絵を描かせたり、政治風刺の黄表紙を出版するなど、反骨精神あふれる蔦重の生涯を天才絵師・戯作者たちと共に描く。

## 脳を活かす英会話
スタンフォード博士が教える超速英語学習法

星　友啓

世界の英語の99・9％はナマッている。だからこそ脳の欲求の赴くままに自分なりの英語で世界と遊べ！　脳科学や心理学、AI時代のアイテムを駆使して、コスパ良く楽しくネイティブと話せる術をスタンフォード・オンラインハイスクール校長が伝授。

## 子どもをうまく愛せない親たち
発達障害のある親の子育て支援の現場から

橋本和明

「子どもには愛情を」。児童相談所の一言が、なぜ虐待を加速させたのか？　発達障害のある親は育児で大変な苦労をすることがある。虐待やネグレクトが起きてしまう実態と対策を、豊富な実例とともに紹介。子育ては愛情ではなく技術である。

## ほったらかし快老術
90歳現役医師が実践する

折茂　肇

元東大教授の90歳現役医師が自身の経験を交えながら、快い老い方を紹介する一冊。たいていのことはほったらかしでよく、大切なのは生きがいと骨。落ち目同士で群れない、手抜きしないでオシャレをする…など10の健康の秘訣を掲載。

## ルポ 大阪・関西万博の深層
迷走する維新政治

朝日新聞取材班

2025年4月、大阪・関西万博が始まるが、その実態は会場建設費が2度も上ぶれし、パビリオンの建設が遅れるなど、問題が噴出し続けた。なぜ大阪維新の会は開催にこだわるのか。朝日新聞の取材班が万博の深層に迫る。

## 祖父母の品格
孫を持つすべての人へ

坂東眞理子

令和の孫育てに、昭和の常識は通用しない。良識ある祖父母として、孫や嫁夫婦とどう向き合ったらいいのか？　ベストセラー『女性の品格』『親の品格』著者が満を持して執筆した、祖父母が知っておくべき30の心得。

## 逆説の古典
着想を転換する思想哲学50選

大澤真幸

自明で当たり前に見えるものは錯覚である。事物の本質を古典は与えてくれる。『資本論』『意識と本質』『贈与論』『アメリカのデモクラシー』『存在と時間』『善の研究』『不完全性定理』『君主論』『野生の思考』など人文社会系の中で最も重要な50冊をレビュー。

## 世界を変えたスパイたち
ソ連崩壊とプーチン報復の真相

春名幹男

東西冷戦の終結からウクライナ侵攻までの30年余、歴史を揺るがす事件の舞台裏には常に、世界各地に網を張るスパイたちの存在があった――。彼らは、どのような戦略に基づいて数々の工作を仕掛けたのか。機密文書や証言から、その隠された真相に迫る。

朝日新書

**関西人の正体〈増補版〉**

井上章一

関西弁は議論に向かない？　関西人はどこでも値切る？　典型的な関西に対する偏見を、時に茶化し、時にまじめに打ち壊す。京都のはずれから考える独創的で面白すぎる関西論！　新書化に際し、ボーナストラック「55年ぶりの万国博」を加筆。

**持続可能なメディア**

下山　進

問題はフジテレビだけではない。買収不可能の規制下で甘やかされた新聞・テレビは巨大な技術革新の波に揉まれ、崩壊の螺旋階段を落ちていっている。それらを尻目に繁栄するメディアとは？　国内外を徹底取材。エピソード豊かに描き出す成功の5原則。

**現代人を救うアンパンマンの哲学**

物江　潤

「遅咲きの天才」やなせたかしは、朝ドラ「あんぱん」に描かれるように、愛妻・暢と共に運命を切り開いていく。戦中派の悲観論から脱して、ついに「人生は喜ばせごっこ」の境地に至る。国民的作品に潜む平易で深い表現が、孤立する現代人の心に響く。

**オーバードーズ**
くるしい日々を生きのびて

川野由起

市販薬を過剰摂取するケースが、若年層を中心に増加している。どうせ誰も助けてくれない――「生きづらさ」の背後に何があるのか。親からの虐待やネグレクト、学校での孤立感……社会に何が足りないのか、どのような支援が求められているのかを探る。

**動的平衡は利他に通じる**

福岡伸一

他者に手渡されつつ、手渡す行為――すべての生命はこの流れの中にある。日常における移ろいを見つめ、生命のありようを思惟し、動的平衡と利他のつながりを捉える。大好評を博した随筆集『ゆく川の流れは、動的平衡』、待望の新書化。

朝日新書

## 歴史のダイヤグラム〈3号車〉
「あのとき」へのタイムトラベル

原　武史

吉田茂、佐藤栄作、石破茂、昭和天皇、谷崎潤一郎、三島由紀夫……大小さまざまな事件を、当時の時刻表を切り口に読み直す。そこから見えてくる日本近現代史の別の姿。朝日新聞土曜刷「be」の好評連載新書化、待望の第3弾！

## 詭弁と論破
対立を生みだす仕組みを哲学する

戸谷洋志

ある問題について対話や議論をするにしても、前提や土台を共有できない、軽く受け流し嘲笑する傾向が強まっている。SNSやネット上で幅を利かせる「論破」。人はなぜ言葉を交わすのか――人間と対話の本質的な関係を哲学の視点から解き明かす。

## 世界の炎上
戦争・独裁・帝国

藤原帰一

第2期トランプ政権に戦々恐々とする各国。ガザ「所有」や、カナダ、メキシコに脅しをかけるトランプ氏の論理は「強者の支配と弱者の従属」だ。日本を含む国際秩序はどう構築されるのか。不確実さに覆われた世界を国際政治学者が読み解く。

## 西洋近代の罪
自由・平等・民主主義はこのまま敗北するのか

大澤真幸

ウクライナとガザの戦争、欧州での右派政党の躍進、そして共振するトランプとプーチン。なぜ、排他的な権威主義がこんなに力を持つのか。民主主義はこのまま衰退するのか。普遍的な価値の行方と日本の役割を問う、実践・社会学講義第2弾。

## マイナス×マイナスはなぜプラスになるのか

鈴木貫太郎

学校で教わった最大の謎。それは、「マイナス×マイナス＝プラス」という不可思議な数式である。三角錐の体積はなぜ3で割るのか、球の体積はなぜ4／3をかけるのか……。あのとき丸暗記させられた数式の本当の意味が、やっとわかる！